SEÑORES DEL ANÁHUAC

NOFICCIÓN | CRÓNICA

Antonio Guadarrama Collado

SEÑORES DEL ANÁHUAC

BREVE RECUENTO DE LOS GOBERNANTES AZTECAS

Barcelona · México · Bogotá · Buenos Aires · Caracas
Madrid · Miami · Montevideo · Santiago de Chile
2 0 1 5

Señores de Anáhuac,
breve recuento de los gobernantes aztecas
Edición de octubre de 2015

D.R. © 2015, Antonio GUADARRAMA COLLADO
D.R. © 2015, EDICIONES B México, S.A. de C.V.
Bradley 52, Anzures DF-11590, México

ISBN: 978-607-480-886-5

Impreso en México | *Printed in Mexico*

Para Lore

El término *azteca* no se refiere exclusivamente a los naturales de la antigua México-Tenochtitlan, sino a todos los originarios del mítico lugar llamado Aztlan «lugar de garzas», cuya ubicación es hasta el día de hoy desconocida. La leyenda dice que las siete tribus nahuatlacas (mexitin, colhuas, tepanecas, xochimilcas, chalcas, tlahuicas y tlaxcaltecas) partieron de Aztlan en 1064 o 1168 d. C. buscando la tierra que su portentoso dios Huitzilopochtli «colibrí zurdo» les había prometido. En los años que duró su recorrido, estas tribus se separaron —de acuerdo con algunas versiones— debido a múltiples discordias. Unos llegaron al Anáhuac mucho antes que otros y se asentaron en las tierras que consideraron las mejores o en las que les fue posible. Los últimos en llegar fueron los mexicas y tlatelolcas, quienes entonces eran una misma tribu, aunque hay versiones que afirman lo contrario.

Cuando llegaron las siete tribus nahuatlacas, la Cuenca de México —rodeada por montañas, volcanes y los valles de México, Hidalgo, Puebla, Tlaxcala y Morelos— ya se encontraba habitada por diversas tribus descendientes de los toltecas-chichimecas. Entre ellos estaban los habitantes de Chapultepec, Cholula, Culhuacan y Texcoco. De acuerdo con los *Anales de Cuauhtitlan*, "estos chichimecas vivían como cazadores y vestían con pieles de animales", mientras que los peregrinos recién llegados del norte ya habían adoptado la agricultura y fabricación de cerámica, aunque no eran aún la cultura que encontraron los españoles. Para ello faltaban poco más de doscientos cincuenta años.

Con el paso de los años, las tribus recién llegadas y las ya establecidas se fusionaron por medio de matrimonios, de la misma forma en que se acostumbraba en Europa. Es aquí donde comienza el linaje tolteca-chichimeca-colhua-azteca-mexica.

El número de gobernantes en todo el Anáhuac es desconocido hasta el día de hoy, y en muchos casos, de los que se tiene conocimiento son muy pocos los datos disponibles. En la actualidad resulta imposible recabar toda esa información. Sin embargo, se conservan testimonios suficiente sobre los gobernantes de las ciudades más importantes, como México-Tenochtitlan, Tlatelolco, Texcoco, Azcapotzalco, Tlacopan, entre otras. Aun así, no todos los monarcas han sido tomados en cuenta para la elaboración de este libro. En las páginas siguientes el lector encontrará las biografías de los gobernantes chichimecas, tepanecas y mexicas, quienes fueron los protagonistas de lo que se conoce como el imperio azteca.

Lo que se sabe de la mayoría de estos personajes es ambiguo, pues una gran parte de este conocimiento está basado en mitos, leyendas y deformación histórica, principalmente porque las crónicas eran elaboradas por los tlacuilos (los historiadores de aquellos tiempos) quienes por medio de códices y relatos orales, transmitían su conocimiento y recuerdos; lo cual con el paso del tiempo, como sucede con los chismes, sufrió enormes tergiversaciones. Aunado a esto, estaba la subjetividad del cronista y los designios del gobernante. Un ejemplo sucedió cuando el tlatoani Izcoatl y su cihuacoatl

Tlacaelel mandaron quemar los libros pintados para reinventar la historia de los mexicas, o como decía su versión: ocultar sus fracasos para que sus descendientes no se sintieran avergonzados de su historia. Otro ejemplo muy claro es la *Historia chichimeca*, escrita entre 1610 y 1640, por Fernando de Alva Ixtlilxochitl, descendiente de la nobleza acolhua, y quien se ocupó de enaltecer las virtudes de Nezahualcóyotl y sus herederos. Esto no es ni bueno ni malo, sólo era la forma en que funcionaban los gobiernos y el manejo de su pasado. Para ellos la historia no era una herramienta de memoria o de conocimiento, sino, como bien lo expresó el maestro Miguel León Portilla, "un instrumento de exaltación de la propia grandeza y de la dominación sobre otros pueblos".

Con este libro hago un esfuerzo, más que por desmitificar, por poner en tela de juicio algunos datos históricos que carecen de congruencia; sin embargo, no pretendo presumir una verdad absoluta ya que, cualquier historiador o novelista que alardee de tal manera, únicamente muestra su abundante ingenuidad. El objetivo de esta obra es recopilar y entregar al lector la mayor información objetiva posible para comprender a los gobernantes aztecas.

En el náhuatl prehispánico no existían los sonidos correspondientes a las letras «b», «d», «f», «j», «ñ», «r», «v», «ll» y «x».

Los sonidos que más han generado confusión son los de la «ll», que en palabras como calpulli, Tollan o calli no se pronunciaba como suena en la palabra llanto, sino como en la palabra lento; y el de la «x», como en México y Xocoyotzin que no eran pronunciadas con el sonido de la «j», ni Texcoco con el sonido de la «x», sino con el sonido «sh» como shampoo, en inglés: Meshico, Shocoyotzin y Teshcuco.

Los españoles le dieron escritura al náhuatl en castellano antiguo, pero al carecer del sonido «sh», utilizaron en su grafía una «x» a forma de comodín. En náhuatl todas las palabras son graves, en la palabra «Meshico» el acento recae en la «i» y no en la «e», como se pronuncia en castellano.

También debe tomarse en cuenta que a la llegada de los españoles a América, a pesar de que Antonio de Nebrija ya había publicado el primer reglamento de gramática en lengua castellana, (la Gramática Castellana), en 1492, cada quien escribía como consideraba acertado. La ortografía difería en el uso de algunas letras como: «f» en lugar de «h», como es el caso de fecho en lugar de hecho; «v» en lugar de «u» (avnque); «n» en lugar de «m» (tanbién); «g» en lugar de«j» (mugeres); «b» en lugar de «u» (çibdad); «ll» en lugar de «l» (mill); «y» en lugar de «i» (yglesia); «q» en lugar de «c» (qual); «x» en lugar de «j» (traxo, abaxo, caxa); y «x» en lugar de «s» (máxcara).

CAPÍTULO 1

GOBERNANTES DE TEXCOCO

Xolotl

El imperio de los toltecas —ubicado en el actual Tula, Hidalgo— comenzó aproximadamente en el año 667 d. C., y se cree que duró 384 años. Es decir, que para el año 1051 ya había caído en la ruina. Los gobernantes toltecas tenían, de acuerdo a sus leyes, el derecho a regir 52 años, ni más ni menos, literalmente. En caso de morir, su esposa o los familiares se quedaban con el cargo. No había elección.

Los gobernantes toltecas, anteriores al periodo que nos ocupa en este libro, de los que se tiene registro son:
- Chalchiutlanetzin
- Ixtlcuechahuac
- Huetzin
- Totepeuh
- Nacaxoc
- Mitl
- Xiuhtzaltzin (mujer)
- Topiltzin

Las causas de la ruina del imperio tolteca son desconocidas. Algunas versiones aseguran que se debió a una sequía y, por consiguiente, hambrunas y enfermedades. El caso es que los sobrevivientes emigraron, llegando incluso a Yucatán y Guatemala. Otras familias decidieron permanecer en el valle del Anáhuac, pero no fueron suficientes para mantener vivo su legado. En su mayoría la tierra quedó despoblada por casi un siglo.

Cuenta la leyenda que antes de morir, el último gobernante de Amaquemecan (de la cual no se sabe casi nada) heredó el mando a sus dos hijos: Achacauhtli y Xolotl. El segundó decidió buscar con su familia, amigos, seguidores y un ejército cuantioso, un lugar donde fundar su propio reino. Dieciocho meses más tarde llegaron a Tula y Tepepolco. Desde ahí envió a su hijo Nopaltzin a explorar el territorio. Al llegar a Tenayuca —situada al pie del cerro del Tenayo, en la Sierra de Guadalupe, en el municipio de Tlalnepantla de Baz, Estado de México—, el príncipe disparó cuatro flechas hacia cada uno de los puntos cardinales en señal de posesión. Ahí comenzó el imperio chichimeca (o acolhua), donde aproximadamente doscientos años más tarde nacería el famoso Nezahualcóyotl.

¿Acolhua o chichimeca?
Hoy en día se usan ambos nombres para referirse a los habitantes de esta zona, pero los chichimecas llegaron del norte y los acolhua eran una fusión otomí, tolteca y nahua. La palabra *acolhuas*, significa en náhuatl, «los que tienen antepasados del agua». Según Fernando de Alba Ixtlilxochitl, la palabra chichimeca significa «gente águila».

Tras haberse establecido en Tenayuca, Xolotl mandó a uno de sus capitanes a investigar el origen de una nube de humo. Pronto descubrieron que Coatlichan, Huexotla, Otompan, Chimalhuacan, Chapultepec, Coyohuacan y otros pueblos estaban habitados. El señor chichimeca les ofreció su amistad y con ello alianzas que se consolidaron por medio de matrimonios. Asimismo hubo un intercambio de conocimientos que facilitó la vida de los recién llegados y de los ya establecidos. Los chichimecas aprendieron a cocinar con maíz, a sembrar y cosechar, a extraer metales de la tierra y fundirlos, a labrar piedra, y a hilar y tejer algodón.

Para las culturas precolombinas las mujeres eran botín de guerra, moneda de cambio y ofrendas. Muy pocas mujeres lograron sobresalir como sacerdotisas o reinas.

Ocho años después comenzaron a llegar algunos de los grupos provenientes de Aztlan. Por esa época Xolotl mudó su reino de Tenayuca a Texcoco.

Entre los recién llegados estaban tres príncipes que decían ser originarios de Teocolhuacan. Le pidieron permiso al rey Xolotl de habitar en sus tierras y le prometieron vasallaje. El rey chichimeca no sólo les dio tierras sino que también les entregó a dos de sus hijas para que las desposaran.

El mayor de los príncipes se casó con Cuetlachxochitl y el menor con Cihuaxochitl en una fiesta que duró sesenta días.

Desde entonces ya existía la práctica de saludar a los reyes tocando el suelo con la mano y luego llevarla a la boca.

A partir de entonces se fusionaron los chichimecas y los acolhuas. Quedó establecido el reino de Acolhuacan. El yerno de Xolotl, llamado Acolhuatzin recibió las tierras de Azcapotzalco y Chiconcuauhtli recibió el señorío de Xaltocan. El tercero de los príncipes, aunque no se había casado con ninguna de las hijas de Xolotl recibió el reino de Coatlichan.

Poco tiempo después surgieron los primeros conflictos en el gobierno de Xolotl. Entonces el rey pasó de la clemencia a la severidad. Quienes consideraban injusta la forma de Xolotl de reprimir a los rebeldes planearon un ardid. Aprovechando que el rey deseaba construir una especie de acueducto para llevar agua a Texcoco, los rebeldes construyeron una presa y una zanja que llevaría el agua directo a los jardines del palacio, con lo cual pretendían ahogar a Xolotl.

La estrategia era tan burda que no había forma de llevarla a cabo sin que no fuera descubierta. Sin embargo, el rey acolhua decidió disimular y esperar hasta que sus enemigos terminaran las obras. El día que supuestamente abrirían la zanja y el rey sería llevado por las fuertes corrientes, Xolotl subió a la parte más alta de sus jardines y esperó tranquilamente. Dicen las crónicas que hasta se echó a dormir, lo cual puede ser algo exagerado. El caso es que se salvó.

Días después llevó a cabo una fiesta y agradeció públicamente a los culpables por haberle fabricado un acueducto para regar sus jardines. Finalizadas las celebraciones, Xolotl decidió regresar a Tenayuca para alejarse del peligro que lo acechaba con la nueva presa tan cerca.

Poco tiempo después murió. Se dice que era un hombre de edad avanzada y que había gobernado alrededor de cuarenta años.

USOS Y COSTUMBRES EN LOS FUNERALES

Para entonces ya se acostumbraba enviar embajadas a todos los señores principales para que asistieran a las exequias del rey. Se adornaba el cadáver con joyas de oro y plata y se le colocaba sobre un asiento hecho a copal y otras hierbas aromáticas, por cinco días. Se incineraba el cuerpo en una inmensa hoguera, luego se recogían las cenizas y se guardaban en una urna, la cual era expuesta por cuarenta días en el palacio, para que la gente le llorara. Finalmente se depositaba la urna en una cueva. Los chichimecas no llevaban a cabo sacrificios humanos en los funerales, como solían hacerlo los mexicas.

Nopaltzin

Antes de su muerte, Xolotl nombró a su hijo Nopaltzin heredero del reino, quien ya rondaba los sesenta años. Un año después de iniciado su gobierno volvió a mudar la corte a Texcoco.

El gobierno de Nopaltzin no fue tan sencillo como el de su padre, pues en los años siguientes comenzaron las rebeliones y las guerras entre poblados: Acolhuatzin, señor de Azcapotzalco, se apoderó de Tepotzotlan con el único objetivo de agrandar sus territorios. Los señores Huetzin, de Coatlichan; Yacazozolotl, de Tepetlaoztoc y Tochintecuhtli, de Cuahuacan iniciaron una guerra entre sí por una mujer llamada Atotoztli. Huetzin los derrotó y se quedó con la princesa.

En la guerra las tropas de Nopaltzin fueron en contra de Tulancingo, quienes se habían rebelado en contra de su gobierno. Se enfrentaron durante diecinueve días seguidos, siendo las huestes de Nopaltzin quienes llevaron la peor parte. El príncipe Tlotzin auxilió a su padre con sus hombres y vencieron a los rebeldes.

Se sabe que Nopaltzin promulgó las primeras leyes de la zona para prohibir los incendios en los bosques y montes, el robo de caza, el traspaso de propiedad privada y el adulterio. Todo lo anterior se castigaba con la pena de muerte.

Asimismo, Nopaltzin impulsó el cultivo de maíz, el cual había quedado abandonado desde los tiempos de los toltecas. Luego se inició la siembra del algodón, que con el paso del tiempo se volvería en uno de sus principales insumos.

Poco tiempo después Nopaltzin murió, dejando a su hijo Tlotzin como heredero.

Texcoco se convirtió en uno de los mayores fabricantes de mantas de algodón, las cuales eran valoradas en extremo, así como las plumas finas.

Tlotzin

Sobre este rey casi nada se sabe, lo poco que aparece en algunos libros es un enjambre de lisonjas, hecho por uno de sus descendientes. Como ya se mencionó antes en este libro, la historia de los aztecas en gran parte es mito, leyenda, versiones siempre en favor del partido al que se pertenece. Es a partir de la llegada de los españoles que se pueden contrastar y cotejar versiones. No es que en aquellas abundara la honestidad, pero de alguna manera se puede llegar a conclusiones. En cambio, con la historia de los chichimecas es casi imposible saber qué tanto es verdad y qué tanto es fantasía, pues Fernando de Alva Ixtlilxochitl y Juan Bautista Pomar son los principales cronistas, aunque hay otros, pero no tan abundantes.

Lo que nos cuenta el primero de estos cronistas sobre Tlotzin es que al iniciar su gobierno ordenó que toda la población se ocupara en el cultivo de maíz y algodón. Según narra Ixtlilxochitl, esto lo aprendió Tlotzin en el tiempo en que vivió en Chalco. Muchos de los pobladores no estuvieron de acuerdo y se mudaron a Meztitlan y Tototepec.

En los siguientes cuatro años Tlotzin recorrió todo el territorio, encontrando a su paso cientos de personas que seguían viviendo en cavernas. Al parecer este gobernante los motivó a construir casas y a trabajar la tierra.

Murió a los 36 años de su reinado. Se cree que fue en el año 1298, aunque ninguna de estas fechas debe ser tomada con seriedad, pues los cronistas dan fechas distintas. A partir de 1430 la discordancia es menor.

Quinatzin

Con Quinatzin se inaugura la soberbia y la vanidad en los gobernantes del Anáhuac. Hasta entonces todos los reyes eran humildes, por decirlo de alguna manera. Tras ser jurado supremo monarca, ordenó que sus súbditos lo llevaran en andas cubierto por un palio, de Tenayuca hasta Texcoco, a donde decidió mudar la corte. Hasta el momento todos sus antecesores habían caminado. Para que Tenayuca no quedara sin gobierno, dejó a cargo a su tío Tenancacaltzin.

Muchos se ofendieron con las nuevas formas de trasladarse de Quinatzin, utilizando a los soldados como cargadores. Hubo quienes propusieron independizarse del reino acolhua. Tenancacaltzin —con el apoyo de Acolhuatzin, señor de Azcapotzalco— aprovechó las circunstancias y se hizo jurar supremo monarca, alegando que Quinatzin había abandonado la corte al mudarse a Texcoco. Contrario a lo que se esperaba, Quinatzin no le declaró la guerra a su tío y optó por permanecer en su palacio de Texcoco, lo cual hizo creer a muchos que se estaba dando por derrotado.

Mientras tanto, el señor de Azcapotzalco se las arreglaba para derrotar a Tenancacaltzin y apoderarse de todo el territorio acolhua, pero no se trataba de una abierta declaración de guerra. Acolhuatzin envió a un grupo de mexicas a que atacaran Tenayuca: saquearon la ciudad y se llevaron consigo a cientos de mujeres.

BARBARIE MEXICA

En aquellos años los mexicas eran bárbaros, crueles y muy valientes. Llevaban varios años tratando de conseguir un lugar dónde fundar su ciudad, pero nadie los quería como vecinos. Acolhuatzin les dio permiso de habitar en el islote en el que se fundó Tenochtitlan en gratitud por haber invadido Tenayuca.

Tenancacaltzin solicitó ayuda al señor de Azcapotzalco, pero éste se la negó, argumentando que no era necesario para combatir a un grupo tan reducido. Tenancacaltzin recibió a los mexicas en las faldas del cerro del Tepeyac, pero fue vencido luego de un reñido combate. Los mexicas persiguieron a Tenancacaltzin y sus tropas hasta Tenayuca, donde una vez más robaron todo lo que pudieron. Tenancacaltzin se dio a la fuga. Solicitó a su sobrino Paintzin, señor de Xaltocan, que le diera asilo, pero se le negó, entonces Tenancacaltzin se marchó. Nunca más se volvió a saber de él.

Quinatzin emprendió entonces una cacería en contra de los pueblos rebeldes en Meztitlan y Tototepec. Luego de cuarenta días los rebeldes se rindieron. Lo mismo ocurrió en Tepepolco, Huehuetoca, Mizquic y Totolapan. Al enterarse de la victoria de Quinatzin, el señor de Azcapotzalco decidió devolver los territorios usurpados sin esperar a que llegara una declaración de guerra.

Por aquellos años se fundaron
México-Tenochtitlan y Tlaxcala.

Años más tarde la traición llegó de su propia sangre. Quinatzin tenía cinco hijos: Chicomacatzin, Memoxoltzin, Manahuatzin, Tochintzin y Techotlala (de mayor a menor). El primogénito, Chicomacatzin —quien ya de por sí sería heredero del trono—, urdió un plan: reunir en Texcoco a los señores principales de los pueblos inconformes y, entre todos, deponer y asesinar al monarca. El hijo menor fingió estar de acuerdo con sus hermanos, pero los delató con Quinatzin. Si se analiza la situación con frialdad, podemos concluir que Techotlala no lo hizo por lealtad, sino por conveniencia, ya que si ayudaba a sus hermanos, de cualquier manera él tendría escasas posibilidades de ser el supremo monarca, pues eran cinco hermanos. Al denunciarlos, se deshacía de los cuatro a la vez.

Para entonces ya se habían levantado en armas los ejércitos de Tlaxcala, Huaxtepec, Totolapan, Huehuetlan, Mizquic y Cuitlahuac. Quinatzin mandó llamar a los señores principales de Tlatelolco, México, Chalco, Culhuacan, Xaltocan, Coatlichan y otros poblados más pequeños. Reunió alrededor de cien mil soldados, los cuales dividió en seis ejércitos. Esta guerra duró poco más de dos años, lo que le dio el nombre de La gran guerra de Quinatzin, pues ninguna otra había durado tanto. Al final, los que no murieron en campaña huyeron de aquellas tierras por siempre. Algunos se refugiaron en Tlaxcala.

Por su parte, los hijos de Quinatzin huyeron a Texcoco y rogaron a su madre que los protegiera de la ira del padre, quien llegó días después de finalizada la batalla y pacificados los pueblos rebeldes. Al encontrarse con su esposa, era tanta la alegría de Quinatzin que le ofreció cumplirle cualquier deseo que ella le pidiera, ignorando que en ese mismo palacio estaban escondidos los hijos traicioneros. La mujer aprovechó aquella oferta y pidió que les perdonara la vida a sus cuatro hijos. Quinatzin accedió no sin antes espetarle a su esposa que ese sería el último deseo que le cumpliría. A sus cuatro hijos los echó de sus tierras, obligándolos a mudarse a Tlaxcala, donde recibieron tierras y el derecho al tributo que de éstas derivaba. La esposa de Quinatzin no pudo soportar esto y se fue con sus hijos a Tlaxcala.

Se dice que Quinatzin gobernó alrededor de sesenta años, sin embargo es poco lo que se sabe sobre aquellos años.

FUNDACIÓN DE TLAXCALA

Vale la pena hacer un breve paréntesis para abordar el origen de tan importante señorío —y a su vez tan injustamente despreciado por la historia. Al igual que los mexicas, los tlaxcaltecas vivieron por muchos años alrededor del lago, en busca de un sitio dónde fundar su ciudad. Primero se establecieron en Poyauhtlan, al oriente del lago, entre Texcoco y Chimalhuacan. Vivieron en la miseria por muchos años. Tuvieron que retirarse de ahí tras ser atacados por los xochimilcas, colhuas, chalcas y tepanecas. Se dice que hubo una sangrienta batalla en la que los tlaxcaltecas obtuvieron la victoria, y que a pesar de ello se marcharon para no tener más confrontaciones, lo cual es poco verosímil. Ningún estado abandona los territorios ganados en una guerra, ¿o sí? Como fuera, se marcharon rumbo a Cholula. En el camino muchos decidieron ir por otros caminos. Al llegar a las faldas del monte Matlalcueye, invadieron aquel poblado y asesinaron al señor principal, llamado Colhuacateuctli, así que los huexotzincas y otros pueblos vecinos decidieron echarlos del lugar. Los tlaxcaltecas enviaron una embajada a Texcoco para que explicara a Quinatzin la situación por la que habían pasado en los últimos años; éste les envió un ejército para que los auxiliara y así se solucionara el conflicto. Fue así que se fundó el señorío tlaxcalteca.

Techotlala

Como ya he mencionado, el cronista principal de la historia de la nobleza acolhua es Fernando de Alva Ixtlilxochitl, un criollo nacido entre 1568 y 1580. Uno de sus abuelos era texcocano y los otros tres eran españoles. Su padre era Juan de Navas Pérez de Peraleda y su madre Ana Cortés Ixtlilxochitl. Su bisabuelo era Hernando Ixtlilxochitl, aliado de Hernán Cortés en la Conquista y último señor de Texcoco, quien se casó con Beatriz Papatzin, hija de Cuitlahuac, hermano de Moctezuma Xocoyotzin. Estudió en el Colegio de la Santa Cruz de Tlatelolco y fue gobernador de Texcoco y de Tlalmanalco.

Se cree que el virrey de Nueva España, Gaspar de Zúñiga Acevedo y Velasco, le pidió a Ixtlilxochitl que escribiera la historia del Anáhuac antes de la Conquista. Redactó la *Relación histórica de la nación tulteca*, entre 1600 y 1608, e *Historia chichimeca* o *Historia general de la Nueva España*, entre 1610 y 1640, siempre desde la versión texcocana, en muchas ocasiones extremadamente distinta a la *Crónica Mexicana* de Hernando de Alvarado Tezozomoc, otro autor descendiente de la nobleza mexica, al cual abordaremos más adelante.

Si tomamos en cuenta que Ixtlilxochitl escribió en tiempos de la colonia, casi trescientos años después, en castellano, bajo la influencia de la Iglesia Católica, seguramente atemorizado por la inquisición y con el indudable objetivo de reclamar a la corona sus derechos de herencia, podemos concluir que poco de lo que escribió es comprobable. Estamos hablando de mitos, leyendas y, en ocasiones, conatos de novela.

Una de las cosas que más llama la atención sobre la obra de Ixtlilxochitl, es que se esmera en mostrar a sus abuelos como benignos y castos. Es bien sabido que antes de la llegada de los españoles, los aztecas eran afectos a la poligamia y a la pedofilia, lo cual no podemos juzgar, pues se debe entender el entorno social del momento, usos y costumbres. Es la religión católica la que pone fin a estas prácticas... entre comillas.

Fernando de Alva Ixtlilxochitl al ser incapaz de ocultar la pedofilia de sus abuelos, intentó maquillarla. En el caso de Techotlala, dice que se casó con una niña de ocho años y que esperó hasta que ella cumpliera los cuarenta años para consumar el matrimonio. Asegura que las mujeres chichimecas se mantenían vírgenes hasta los cuarenta y que esta costumbre desapareció con el paso de los años y la influencia de los toltecas.

LAS PENSIONES DESPUÉS DE LA CONQUISTA
Concluida la Conquista, muchos de los descendientes de la nobleza azteca —la gran mayoría criollos conocedores de las leyes españolas— reclamaron a la corona española las rentas de las tierras que pertenecieron a sus ancestros, entre ellos estaba Fernando de Alva Ixtlilxochitl y los nietos de Moctezuma Xocoyotzin, hijos de Tecuichpo (con quien terminó el linaje azteca) y una larga lista de españoles y criollos. El rey Carlos V nombró a Tecuichpo —Isabel Moctezuma— y su descendencia (dos líneas:

los condes de Miravalle, radicados en Granada, España
y la familia Acosta, asentada en México) beneficiarios
a perpetuidad del usufructo de los predios de Tacuba,
que entonces ocupaban casi la mitad del centro de la
ciudad de México y los terrenos en los que se encuentran
el Zócalo, Palacio Nacional, la Catedral y varios
edificios más en lo que hoy es el Centro Histórico.
En 1821 la pensión anual consistía en 5258 pesos
en oro; hoy en día, algo así como 90 mil dólares al
año. Este acuerdo, conocido como Las pensiones
de Moctezuma, se respetó hasta 1933, cuando el
presidente Abelardo Rodríguez suspendió el pago
de éstas. Aun así, los descendientes interpusieron un
amparo en 1934, que no procedió, y en 1991 los condes
de Miravalle volvieron al ataque con una demanda, la
cual al parecer seguía en proceso en el año 2011.

Por otra parte, hay personajes a los que Ixtlilxochitl y
otros autores de la época les achacan una longevidad de más
de cien años, algunos hasta de doscientos. No existe una es-
tadística sobre la esperanza de vida en tiempos de la Conquista, pero está comprobado científicamente que ésta ha
aumentado con el paso del tiempo gracias a los avances médi-
cos. Mucho se ha escrito sobre las maravillas de la medicina
que practicaban los aztecas, pero lo cierto es que no es com-
parable con la medicina actual. Como ejemplo de la forma
en que se ha incrementado la esperanza de vida en México,
basta con echar un vistazo en estas cifras: década de 1930, 34
años; 1970, 61 años; 2000, 74 años, y 2014, 75 años. Sin olvidar, por supuesto, que hay excepciones: todos en algún mo-

mento de nuestras vidas hemos escuchado o conocido a alguien que ha rebasado los cien años de vida.

Sobre el gobierno de Techotlala se dice que llevó a cabo muchas reformas en cuanto a justicia, agricultura, impuestos, ejército y embajadas. Al parecer los primeros veintitrés o treinta años (los cronistas no se ponen de acuerdo) de su gobierno transcurrieron en mucha paz, lo cual me parece inverosímil. Es más lógico pensar que simplemente se desconoce qué ocurrió en aquellos años.

El caso es que sobre esta parte de la historia existen dos versiones, lo cual se vuelve una constante conforme avanzamos en la historia.

VERSIÓN UNO

El señor de Xaltocan se rebeló y comenzaron los conflictos. Se alió con los señores de Otompan, Meztitlan, Cuauhnahuac, Tecomic, Cuauhtitlan, y Tepotzotlan. Techotlala los mandó llamar para llegar a un acuerdo, pero los rebeldes se negaron. El tecuhtli chichimeca se reunió entonces con los señores de Azcapotzalco y México para que lo apoyaran con sus tropas. Tras dos meses de combate, la rebelión quedó disuelta. Tezozomoc incorporó a sus territorios, los señoríos de Xaltocan, Cuauhtitlan y Tepotzotlan. No queda claro por qué Tezozomoc actuó con tal arbitrariedad, cuando se supone que el supremo monarca era Techotlala. Existen versiones que aseguran que Tezozomoc estaba celoso de Techotlala y que desde que éste recibió el gobierno, Tezozomoc se negó a reconocerlo como gran chichimeca tecutli, y que el hijo de Quinatzin, se comportó con prudencia para evitar una guerra entre ambos señoríos.

VERSIÓN DOS

Después de la muerte de Paintzin, señor de Xaltocan, su heredero, Tzompantzin, señor de Meztitlan, probablemente su hermano, se entregó al juego y la holgazanería. Tezozomoc, señor de Azcapotzalco —según las versiones texcocanas: ya todo un tirano—, decidió apoderarse del señorío de Xaltocan. Para llevar a cabo su empresa invitó a los señores de México y Tlatelolco. Tras derrotarlo se repartieron las tierras. Los pobladores salieron huyendo y dieron con las tropas de Techotlala, quien los salvó del peligro y les otorgó un lugar para vivir, donde se fundó la ciudad de Otompan.

Techotlala dividió el reino en sesenta y cinco estados, con un gobernante cada uno, pero todos sujetos al supremo monarca. Un cambio importante aplicado en su imperio fue la adopción de la lengua náhuatl, ya que era la más común en la zona. Con lo que no estuvo de acuerdo fue con la adopción de la religión mexica, pues se dice que no aceptaba los sacrificios de animales y humanos.

Se cree que Techotlala murió en 1409. Su funeral tuvo muy poca concurrencia debido a que para entonces las relaciones entre Texcoco y Azcapotzalco ya estaban fracturadas. Tezozomoc decidió no asistir y por lo tanto sus aliados lo imitaron. Techotlala falleció con la dolorosa pena de saber que muy pronto estallaría una guerra.

Ixtlilxochitl

La fecha de nacimiento de Ixtlilxochitl sigue siendo un misterio. Hay cronistas que aseguran que a la muerte de Techotlala, su heredero tenía diecinueve años de edad; otros, que ya rebasaba los sesenta. Fernando de Alva Ixtlilxochitl asegura que Ixtlilxochitl fue padre a los doce años. No es que sea imposible, pero por más que uno trata de hacer sumas y restas, los números no cuadran. Es muy probable que cuando Nezahualcóyotl nació (1402), Ixtlilxochitl haya sido por lo menos cinco años mayor. Pero no tenemos forma de comprobarlo. Como fuera, es a partir de 1402 (año en que nació Nezahualcóyotl) que las edades y fechas comienzan a ser un poco más congruentes.

Todo parece indicar que Ixtlilxochitl era el hijo menor de Techotlala. Diez años antes de morir, a Techotlala le preocupó que su heredero aún no tuviera esposa, por lo cual podemos deducir que Ixtlilxochitl era mayor de lo que asegura Fernando de Alva. El caso es que le pidió a Tezozomoc, señor de Azcapotzalco, que le concediera una hija para casarla con su vástago. Cabe aclarar que según las crónicas, las relaciones entre Techotlala y Tezozomoc no eran amigables.

Ixtlilxochitl y Tecpatlxochitl se casaron, pero días después, el príncipe acolhua la devolvió a su padre, con el argumento de que el genio y modales de la infanta no le agradaban. Por cierto, según esta versión, el matrimonio no se consumó.

Evidentemente aquel desaire generó en Tezozomoc una molestia que supo contener.

TEZOZOMOC

Para la historia "oficial" Tezozomoc fue un tirano. Recordemos que la historia la escriben los vencedores. Como ya se ha mencionado en este libro, la crónica de los acolhuas la escribieron sus descendientes y por lo tanto los buenos son Ixtlilxochitl y Nezahualcóyotl, y el tirano es Tezozomoc. Lo cierto es que nada de lo que conocemos sobre esta etapa de nuestra historia es comprobable. Es una leyenda escrita de forma parcial.

Ixtlilxochitl se casó poco después con Matlalcihuatzin, hija del tlatoani Huitzilihuitl y hermana de Chimalpopoca. Tuvieron dos hijas, Tozcuetzin y Atototzin, y un hijo, Nezahualcóyotl. Sin embargo, Ixtlilxochitl tuvo más descendencia con sus otras concubinas, pero no se sabe a ciencia cierta cuántos.

Tras la muerte de Techotlala muchos de los señores principales de los pueblos vasallos se negaron a asistir a las exequias y a la jura del heredero que se realizaría inmediatamente después. Todo esto se debía a que Tezozomoc se había negado a asistir, con la excusa de que estaba indispuesto por cuestiones de salud. Era por todos sabido que el señor de Azcapotzalco le declararía la guerra a Texcoco. Ixtlilxochitl estuvo a punto de enviar sus tropas para castigar a los tepanecas, pero sus ministros le hicieron ver que no era el momento adecuado, pues ni siquiera había sido jurado supremo emperador y no tenía idea de cuántos pueblos estaban de su lado.

Mientras tanto, Tezozomoc se reunió con los señores de Tlatelolco y Tenochtitlan para solicitarles su apoyo en la guerra que se aproximaba. Huitzilihuitl se encontraba en una encrucijada, pues Tezozomoc era su suegro e Ixtlilxochitl era su cuñado.

Los señores de Tenochtitlan y Tlatelolco logaron convencer a Tezozomoc de que pospusiera sus intenciones de guerra.

A Tezozomoc se le acusa de haber preparado una rebelión en contra de Ixtlilxochitl, pero, basta con que nos hagamos una pregunta: ¿y si lo único que buscaban era liberarse de la opresión de los acolhuas? La historia nos ha demostrado que muchas veces las víctimas se vuelven victimarios. Quizá Tezozomoc se convirtió en uno tras alcanzar la victoria.

Para comprender esto será preciso recordar algunos datos importantes. Primero, de cierta manera Tezozomoc también tenía derecho a heredar el reino acolhua por ser descendiente directo de Xolotl. Segundo, si es verdad que Ixtlilxochitl devolvió a la hija de Tezozomoc días después de haberse casado con ella, por supuesto que el señor de Azcapotzalco tenía derecho a estar molesto con el príncipe acolhua y razones suficientes para negarse a reconocerlo como supremo monarca. También se dice que Ixtlilxochitl era mucho menor que Tezozomoc. Ya he hablado aquí sobre las discrepancias que existen sobre las edades.

El señor de Azcapotzalco llevó a cabo un nuevo plan: le envió a Ixtlilxochitl varias cargas de algodón y le pidió que le hiciera mantas. La tela de algodón estaba entre los objetos que más apreciaban los aztecas. Esto tenía como objetivo humillar al supremo monarca que aún no había sido jurado y reconocido por todos los pueblos vasallos. Si Ixtlilxochitl aceptaba fabricar las mantas de algodón para Tezozomoc enviaría un mensaje a todos los pueblos vecinos: estaba rindiendo vasallaje. Hay algunas versiones que aseguran que Ixtlilxochitl aceptó por el respeto que le tenía al anciano Tezozomoc y que esperaba que éste muriera pronto. Otras versiones aseguran que en realidad no tenía el número de soldados suficientes para declararle la guerra a su enemigo. Como sea, Ixtlilxochitl aceptó fabricar las mantas. Un año después, Ixtlilxochitl, que seguía sin ser reconocido como supremo monarca, recibió una segunda carga de algodón, mayor que la anterior. Los aliados de Texcoco se ofrecieron a ayudar. En sí había una estrategia detrás de esto: reunir un número de tropas mayor al que tenían Tezozomoc y sus aliados. Luego de cumplir con el pedido, enviaron a las mantas de algodón a Tezozomoc, y éste mandó llamar a los señores de Tenochtitlan y Tlatelolco y les hizo saber que ellos también podían solicitar a Texcoco la fábrica de mantas. Pronto enviaron más cargas de algodón a Texcoco con el mensaje de que cada año recibirían la misma cantidad y de que no esperaran recibir pago alguno. Como lectores podemos tomar una postura y concluir que las acciones de Tezozomoc eran un abuso, pero no tenemos más que la versión de los texcocanos.

Pero suponiendo que así ocurrió, Ixtlilxochitl, fastidiado con los abusos, mandó decir a Tezozomoc que estaba agradecido por las cargas de algodón y que bien las para que sus guerreros lucieran guapos en la batalla que emprendería en contra de Azcapotzalco.

CORAZAS DE ALGODÓN

Los soldados solían utilizar armaduras fabricadas con gruesas capas de algodón, las cuales, según las crónicas, protegían a los hombres de las flechas. Incluso se dice que los españoles llegaron a utilizarlas cuando se quedaron sin las suyas.

Tezozomoc mandó llamar a sus aliados y les ordenó que prepararan sus tropas. A los señores de Tenochtitlan y de Tlatelolco les ofreció que terminada la guerra dividiría el reino entre los tres.

Ixtlilxochitl, por su parte, convocó a sus aliados y les dijo que ya era el momento de que lo reconocieran como supremo monarca, a lo cual muchos se negaron con excusas. La principal era que debía castigar primero a los rebeldes para obligarlos a que lo reconocieran también. Se deduce, pues, que en realidad estaban protegiéndose para, en caso de perder la guerra, no ser castigados por Tezozomoc.

En mi novela *Tezozomoc, el tirano olvidado*, se aborda más ampliamente el tema de esta guerra, con los nombres de los personajes involucrados y fechas. Si lo hiciera en este libro se irían por lo menos cien páginas por cada uno de los personajes que están programados para esta obra y terminaríamos con más de mil páginas.

Estalló la guerra, y dos años y medio después, Tezozomoc fue casi derrotado. Al parecer, la astucia de este hombre fue mayor a la del su contrincante, pues se rindió antes de ser capturado o asesinado. Ofreció reconocer a Ixtlilxochitl como supremo monarca en cuanto las cosas volvieran a la normalidad. Asimismo, dijo que para reconocerlo era justo que se hiciera una celebración acorde a la altura de su linaje.

Por su parte, Ixtlilxochitl aceptó perdonarles la vida a los rebeldes y devolverles sus territorios. Esto, por supuesto, defraudó a todos los aliados de Texcoco, pues era costumbre que tras las guerras fueran repartidas las tierras y las riquezas obtenidas de los pueblos derrotados entre los aliados del partido vencedor. El tecutli de Azcapotzalco aprovechó la situación y mandó llamar a los señores inconformes a su palacio y les ofreció tierras y riquezas a cambio de aliarse a su bando.

Tras reunir un número mucho mayor de tropas, Tezozomoc les ordenó que se prepararan para la guerra. Para disimular los entrenamientos, el señor de Azcapotzalco publicó que su gente estaba ensayando las danzas para la gran celebración que se llevaría a cabo en la jura de Ixtlilxochitl. Cuando los soldados estuvieron listos, Tezozomoc los hizo marchar al otro lado del lago y esconderse en algunos pueblos mientras llegaba el día en que Tezozomoc tenía planeado acabar con su enemigo. Asimismo, mandó que se llevaran venados, liebres y algunas aves al bosque de Tenamatlac. El plan consistía en invitar a Ixtlilxochitl a este bosque, a una especie de día de campo donde los señores principales se divertirían cazando los animales que Tezozomoc había llevado ahí y luego, tomar descuidado al chichimeca tecutli.

Tezozomoc envió una embajada a Texcoco para que hiciera la invitación. Lo primero que el chichimeca tecutli preguntó fue por qué no asistían ellos a Texcoco y los embajadores respondieron que Tezozomoc, debido a su vejez, no podía llegar hasta allá, y que por ello había elegido un lugar cerca del lago. Ixtlilxochitl no les creyó; sin embargo, agradeció a los embajadores y les respondió que quizá no podría asistir, pero que enviaría a alguien en su representación. En cuanto Tezozomoc recibió aquella respuesta mandó a los embajadores una vez más para que insistieran. Mientras tanto, Ixtlilxochitl había enviado espías a Azcapotzalco y se enteró de la trampa que le tenían preparada, así que prometió asistir al bosque de Tenamatlac en la fecha acordada, pero en su lugar envió a su medio hermano, llamado Acatlotzin.

Llegado el día acordado, Tezozomoc esperó con sus tropas la llegada de su enemigo. Tal fue su sorpresa cuando tuvo de frente al medio hermano de Ixtlilxochitl, que ordenó lo desollaran vivo.

En consecuencia, Ixtlilxochitl mandó llamar a todos los aliados a su corte, pero sólo tres acudieron. La guerra estaba perdida desde ese momento. No obstante, Ixtlilxochitl no se rindió. Recibió a las tropas enemigas en Texcoco y luego de diez días de sangrientas batallas, Ixtlilxochitl, su hijo y sus soldados más leales huyeron al paraje de Tzinacanoztoc. Desde ahí, envió algunas embajadas a pedir auxilio a otros pueblos, pero les fue negado. Nadie estaba dispuesto a luchar contra las tropas del que muy pronto sería el nuevo señor de toda la tierra.

Sitiado en el paraje de Tzinacanoztoc, luego de treinta días de combates, Ixtlilxochitl decidió morir antes que rendirse. Esa mañana, previo a la llegada de las tropas enemigas, Ixtlilxochitl habló con su hijo Nezahualcóyotl —de entre doce y dieciséis años— y le pidió que se escondiera en la copa de un árbol y que terminada la batalla se fuera a Tlaxcala y Huexotzingo, donde le darían asilo. Asimismo, le pidió que recuperara el imperio y vengara su muerte.

Hay un discurso que Mariano Veytia da como auténtico en su libro *Historia antigua de México*, el cual es perfecto para una novela, pero no para un libro de historia. Es imposible que haya sobrevivido de boca en boca, intacta, aquella disertación por doscientos años, cuando se comenzó a escribir la historia de los aztecas.

De cualquier manera, la historia nos ha proporcionado la imagen de un jovencito tímido, escondido en la copa de un árbol, que ve cómo matan a su padre. Así, pues, termina la vida de Ixtlilxochitl, un personaje que sus descendientes victimizaron sin dejar resquicios de maldad.

Nezahualcóyotl

En 2012 publiqué la novela *Nezahualcóyotl, el despertar del coyote*. Entre las entrevistas que me hicieron en algunos medios, sobresale —por negativa— la que me realizó una reportera de *La Jornada*. En la entrevista yo dije que era necesario sacar a Nezahualcóyotl de los billetes de cien pesos para que la gente lo conociera. Me refería, por supuesto, a la necesidad de extraerlo para analizar a fondo al mítico personaje. El encabezado de la nota decía: "Piden sacar a Nezahualcóyotl de los billetes de cien pesos". Para comenzar, no entiendo por qué el periódico pluralizó como si se tratara de una manifestación, con ese "piden". Segundo, la deformación de "sacar" al agregarle el "pedir", dando pie a que los lectores entendieran otra cosa, tal y como lo demuestra la respuesta de los lectores en la página de internet del periódico. El primer comentario asume que yo exijo "quitar" la imagen de Nezahualcóyotl de los billetes. A mí en lo personal me da igual quién aparezca en los billetes mexicanos, de cualquier manera eso no les quita ni aumenta el valor. Los demás comentarios en la nota fueron sólo para demostrar enojo, lo cual es comprensible hasta cierto punto. En México la imagen de Nezahualcóyotl, como la de muchos personajes de la historia nacional, se encuentra en un altar.

A diferencia de la física y las matemáticas, la historia no es exacta ni comprobable al cien por ciento. Es necesario, para desentrañarla, acudir a diversos testimonios para cotejar y comprobar. Lamentablemente —como ya se mencionó en el capítulo de Techotlala— la mayoría de lo que se sabe sobre los acolhuas fue escrito por sus descendientes —principalmente por Fernando de Alva Ixtlilxochitl— a casi trescientos años de la llegada de los chichimecas al Anáhuac y doscientos años después del nacimiento de Nezahualcóyotl; por lo tanto, no debe tomarse como verdad absoluta, ya que Fernando de Alva Ixtlilxochitl y Juan Bautista Pomar escribieron obedeciendo a sus sentimientos. En particular, Fernando —de acuerdo con José Luis Martínez, hasta el día de hoy, autor de la obra más completa sobre la vida de Nezahualcóyotl—, escribió "para exaltar la memoria de su pueblo y conservar el pasado, pero también para alegar ante la Corona sus derechos de herencia". O como dijo Ángel María Garibay, creando "literatura de niños, exageración de la grandeza antigua y núcleos de novela". Hago énfasis en esto porque considero sumamente importante que, como lectores de la historia precolombina, leamos de forma objetiva, sin patriotismo o fanatismo. Sería un acto de ingenuidad cerrarnos a la posibilidad de que mucho de lo que conocemos sobre la historia prehispánica puede ser mentira, fábula o leyenda. Si bien no podremos jamás saber cuánto es falso o cierto, que nos sirva de consuelo tener bien claro que no es una verdad absoluta.

Un ejemplo muy claro son los poemas de Nezahualcóyotl. No existe prueba científica que garantice que él los creó. Empezando porque el náhuatl carecía de una grafía, la cual se adoptó y se adaptó tras la llegada de la escritura castellana. Los aztecas solían crear cantos y poemas de forma oral y así se mantenían en la mente colectiva. Pero quien conozca el juego del teléfono descompuesto comprenderá que la poesía que se le atribuye a Nezahualcóyotl puede estar muy alejada de la original, asumiendo que los cambios efectuados con el paso del tiempo se han hecho con el único objetivo de mejorarlos, embellecerlos, incluso en la traducción del náhuatl al castellano.

EL MITO DEL REY POETA

Todos los que recibían formación académica en el calmecac estudiaban poesía, arquitectura, astrología, historia, religión, entre otras cosas. Colgarle la medalla a Nezahualcóyotl como el rey poeta es injusto, ya que Moctezuma Xocoyotzin también lo era, además de arquitecto, sacerdote, astrólogo, etcétera. De igual forma lo fueron Axayacatl, Ahuizotl, Tizoc y muchos más.

Pero vayamos al inicio: Acolmiztli Nezahualcóyotl nació en Texcoco el 28 de abril de 1402. Acolmiztli, según las traducciones originales, significa «brazo o fuerza de león», pero como bien sabemos no había leones en América en aquellos años. Evidentemente se trata de una traducción mal hecha desde aquellos tiempos y que hasta el día de hoy en muchos libros de historia no se ha corregido. Cabe mencionar que hay autores que sí lo han traducido de la manera correcta: «felino fuerte o brazo de puma». Y Nezahualcóyotl significa «coyote en ayunas o coyote hambriento».

Hijo de Ixtlilxochitl (rey de Texcoco) y Matlalcihuatzin (hija del tlatoani Huitzilihuitl), Nezahualcóyotl era su único descendiente varón. Ixtlilxochitl había tenido otros hijos, pero ilegítimos, con sus incontables concubinas.

Nezahualcóyotl entró al calmecac entre los seis y los ocho años, donde se educó con los hijos de la nobleza. Entre los estudiantes con quienes seguramente compartió tiempo estaban Moctezuma Ilhuicamina y Tlacaelel. Asimismo, se le asignó un maestro privado, uno de los grandes filósofos de su tiempo, llamado Huitzilihuitzin.

Aunque los historiadores no se ponen de acuerdo, se cree que Ixtlilxochitl fue asesinado el 24 de septiembre de 1418, lo que quiere decir que Nezahualcóyotl tenía dieciséis años. Como ya se mencionó en el capítulo anterior, Nezahual-cóyotl presenció todo desde la copa de un árbol.

Cuando los enemigos se retiraron, el cadáver fue recuperado por algunos de los sobrevivientes. Lo velaron esa noche y lo incineraron al día siguiente. Varios sirvientes ayudaron a Nezahualcóyotl y su hermano mayor, Tzontecochatzin, a esconderse en una cueva. Luego los condujeron a la isla de México-Tenochtitlan, donde Izcoatl y la nobleza mexica los acogieron. Ahora bien, hay algunas versiones que aseguran que desde la muerte de Ixtlilxochitl, Nezahualcóyotl vivió prófugo entre los montes. Pero según los *Anales de Cuauhtitlan*, Nezahualcóyotl vivió en Tenochtitlan.

HERODES TEPANECA

Existe una versión que afirma que Tezozomoc, para asegurar su gobierno, mandó a sus soldados a todos los pueblos con regalos para los niños. Quienes dijeran que el supremo monarca era Tezozomoc, recibirían premios y quienes mencionaran los nombres de Nezahualcóyotl o Ixtlilxochitl serían asesinados.

¿No tiene esto gran parecido con uno de los pasajes bíblicos? Para ser más claro, citaré el Nuevo Testamento,

Evangelio de san Mateo, 2:16: "Al darse cuenta Herodes de que aquellos sabios lo habían engañado, se llenó de ira y mandó matar a todos los niños de dos años para abajo que vivían en Belén y sus alrededores". Cabe mencionar que el evangelio de san Mateo, al igual que Ixtlilxochitl, también mete la pata, pues resulta que Herodes murió cuatro años antes de que naciera el Niño Jesús. Pues a quien se le haya ocurrido escribir el texto, lo hizo entre cien y doscientos después del nacimiento de Jesús, e ignoraba que en tiempos de Herodes ya habían historiadores y dejaron por escrito la fecha de la muerte de este personaje.

Se dice que mientras Nezahualcóyotl estaba prófugo —con 17 años de edad—, entraba y salía de diversas ciudades disfrazado, a veces de soldado y otras de mercader. El caso es que se le acusa de haber asesinado a una anciana. Sin embargo, existen dos versiones. Una es que la anciana lo reconoció y lo denunció a gritos, entonces, para callarla, la mató. La segunda asegura que Nezahualcóyotl le pidió agua a la anciana y ella lo dejó entrar a su casa, donde tenía jícaras llenas de pulque. El príncipe, al descubrir que la anciana se dedicaba a la venta de bebidas alcohólicas la regañó diciéndole que lo que estaba haciendo era un delito y que por ello le arrebató la vida. ¿Cuál versión es la verdadera? Imposible saberlo. Quizá nada de eso ocurrió. El caso es que lo apresaron y lo llevaron a Chalco, donde Toteotzintecuhtli, señor de aquel poblado, lo condenó a muerte. Mientras esto ocurría, Nezahualcóyotl fue encerrado en una cárcel, sin agua ni alimentos. A su cuidado estuvo Quetzalmacatzin, hermano de Toteotzintecuhtli. Llegado el día señalado para sacrificar a

Nezahualcóyotl, Quetzalmacatzin lo dejó en libertad, quedándose él en la cárcel.

Aquí se demuestra cuán subjetiva fue la crónica de los descendientes del príncipe acolhua. ¿Por qué un príncipe como Quetzalmacatzin sacrificaría su vida de esta manera? Si ya estaba traicionando a su hermano, ¿no era más fácil fugarse con el prisionero? Es muy probable que Nezahualcóyotl encontró la forma de liberarse y antes de huir dejó encerrado a su carcelero. Pero eso coloca al príncipe acolhua en el lugar de un tirano, y para las crónicas chichimecas ese papel era de Tezozomoc.

Al parecer, el príncipe acolhua se refugió en Tlaxcala donde permaneció hasta 1420. Las mujeres de la nobleza mexica solicitaron a Tezozomoc que le permitiera a Nezahualcóyotl vivir en Tenochtitlan. El anciano, asumiendo que el joven prófugo ya no representaba peligro para su gobierno, accedió a que el príncipe se estableciera en el palacio de Cilan, con permiso de viajar de Texcoco a Tenochtitlan.

Las cárceles eran jaulas echas de palos de madera y siempre custodiadas por soldados.

En 1426 —tiempo en el que seguramente Nezahualcóyotl terminó sus estudios en el calmecac— el señor de Azcapotzalco, Tezozomoc, al borde de la muerte, decidió acabar con la vida del heredero texcocano, para evitar que intentara recuperar el imperio tras su fallecimiento. Para esto mandó llamar al leal sirviente de Nezahualcóyotl y le ofreció riquezas a cambio de asesinar a su amo. Coyohua se negó rotundamente.

¿Qué tan cierto será esto? ¿Por qué el hombre más poderoso en aquel tiempo haría algo tan absurdo, como intentar sobornar al criado de Nezahualcóyotl? Sabía dónde estaba el príncipe texcocano. Podía enviar asesinos o soldados para que lo apresaran.

Poco antes de morir, Tezozomoc llamó a sus tres hijos —Maxtla, Tayatzin y Tlatoca Tlizpatzin— y les ordenó que mataran a Nezahualcóyotl cuando asistiera al funeral.

¿Por qué no hacerlo antes? ¿Por qué esperar al funeral? ¿Cómo sabían que Nezahualcóyotl asistiría las exequias? Esto tiene tintes de cuento infantil. Un cuento en el que se victimiza a Nezahualcóyotl hasta el hartazgo. Quizá algunos de ustedes consideren algo descabellado que las nombre cuentos, así que narraré aquí uno de esos relatos que ningún historiador ha querido tomar con seriedad debido a su inverosimilitud:

Cuenta la leyenda que mientras Nezahualcóyotl vivía en México Tenochtitlan, cayó al agua mientras jugaba (no se aclara a qué jugaba ni si fue en un río o un lago). Entonces llegaron unos dioses, lo sacaron y lo llevaron volando hasta la cima de un monte, donde lo embadurnaron con sangre de las víctimas y le auguraron que él acabaría con los tepanecas. Al finalizar este ritual sicodélico lo llevaron de regreso al sitio donde había caído y él salió del agua sano y salvo.

Tezozomoc falleció el 24 de marzo de 1427. Nezahualcóyotl asistió al funeral y salió sin problemas. La versión más conocida es que los hijos de Tezozomoc decidieron evitar un escándalo en tan triste ceremonia. Tezozomoc había dejado como heredero a su hijo Tayatzin, lo cual molestó a Maxtla, quien había dado por hecho que él sería el elegido. Se dice que Tayatzin no tenía interés en matar a Nezahualcóyotl y que Maxtla aprovechó esas circunstancias para dejar libre al príncipe texcocano y permitir que se rebelara en contra de Tayatzin. Sin embargo, esto no ocurrió; Maxtla mató a su hermano y mandó encerrar a Chimalpopoca.

Aquí aparece otro de esos acontecimientos inverosímiles. De acuerdo con Fernando de Alva Ixtlilxochitl, Nezahualcóyotl fue a Azcapotzalco a solicitar al nuevo tecutli tepaneca la liberad de Chimalpopoca. De alguna manera, como ocurre en casi toda la crónica de este autor, Ixtlilxochitl sabe casi a la perfección qué fue lo que se dijo en dicho encuentro: "Muy alto y poderoso señor: bien entiendo y conozco que el gran peso del gobierno de vuestra alteza le tendrá afligido y con cuidado: yo vengo a pedirle y suplicarle por el rey Chimalpopoca, mi tío, a quien como pluma preciosa que estaba puesta sobre vuestra imperial cabeza, le tiene quitada, y el collar de oro y pedrerías con que con que su real cuello adornaba lo tiene desatado, y en sus manos asido y apretado; a quien suplico como rey piadoso eche en olvido la venganza y el castigo y ponga los ojos en el desdichado viejo, que está su cuerpo desflaquecido, y desamparado de los bienes y fuerzas de la naturaleza".

Vuelven las incongruencias. Se supone que Maxtla quería deshacerse de todos los que le estorban para convertirse en el supremo monarca de toda la tierra, y por ello mató a su hermano y apresó a Chimalpopoca. ¿Si Nezahualcóyotl fue hasta el palacio de Azcapotzalco y no existe barrera alguna que se lo impida, por qué Maxtla no lo mandó matar ahí mismo? De acuerdo con las palabras de Alva Ixtlilxochitl, Maxtla se conmovió con las palabras de Nezahualcóyotl y lo dejó entrar a la prisión donde estaba preso Chimalpopoca.

Ya dentro de la cárcel, Chimalpopoca le regaló sus joyas a Nezahualcóyotl y le aconsejó que se aliara con su tío Izcoatl y sus primos Moctezuma Ilhuicamina y Tlacaelel.

Existe una versión que afirma que Nezahualcóyotl le ofreció su libertad a Maxtla a cambio de que lo dejara hablar con Chimalpopoca. Luego de esta entrevista, Nezahualcóyotl fue guiado por la guardia a un jacal de cañas. Mientras llegaban las tropas que lo llevarían preso al palacio de Azcapotzalco, el príncipe acolhua se dio a la fuga por un socavón que había en la pared.

Aquí se da rienda suelta a una cadena de actos escurridizos, dignos de una película de acción. En una ocasión Maxtla mandó llamar a Tlilmatzin, uno de los hermanos bastardos del príncipe, a quien había nombrado gobernador de Texcoco. Siendo Tlilmatzin aliado de Maxtla, accedió al ardid que le planteaba el supremo monarca: llevar a cabo una celebración en Texcoco e invitar a Nezahualcóyotl. No obstante, el príncipe texcocano no le creyó. Entonces, de la nada, apareció un supuesto doble de Nezahualcóyotl. Se dice que sus aliados le comentaron que habían conocido a un campesino que era idéntico al príncipe y le dijeron que lo enviara a él en su lugar. Obviamente sabían del peligro que corría este humilde hombre. Finalmente lo mandaron llamar y le dijeron que tenía que hacerse pasar por Nezahualcóyotl. En unas cuantas horas lo vistieron y lo adiestraron para que se comportara como un príncipe. Al llegar a la fiesta, el joven fue descubierto, capturado y —sin deberla ni temerla— asesinado.

El príncipe que enarbolaba el estandarte de la justicia, sacrificó a un hombre inocente —y más adelante a muchos más— para salvar su vida.

En otra ocasión, Maxtla envió a cuatro de sus soldados a capturar a Nezahualcóyotl, quien se encontraba en el palacio de Texcoco. Para esto, el príncipe acolhua preparó a su gente y los hizo simular un juego de pelota. En cuanto llegaron los soldados, Nezahualcóyotl los invitó a comer antes de que lo llevaran arrestado. Sí; arrestado. Pero según las crónicas, Nezahualcóyotl los invitó con tal cortesía que los soldados aceptaron. Mientras comían, Coyohua, el sirviente leal de Nezahualcóyotl, fingió extender una manta con la cual ocultaba a su amo, quien se encontraba al final de la sala. El muro detrás de él tenía preparado un hueco, por donde escapó el príncipe texcocano. De acuerdo con la crónica de Ixtlilxochitl, este socavón llevaba a unos túneles subterráneos que eran prácticamente un laberinto. A la hora de escribir mi novela esto me pareció un recurso fantástico, pues finalmente las novelas son ficción y es indispensable mantener el suspenso para que el lector no cierre el libro, pero para un ensayo histórico, esto dista mucho de lo verosímil. Hasta el momento no se ha encontrado el lugar exacto donde pudo estar el palacio de Nezahualcóyotl y mucho menos el laberinto construido, explícitamente, para huir del peligro.

En otra ocasión, el heredero del reino de Texcoco logró escapar de sus perseguidores escondiéndose debajo de un montón de chía, gracias a la ayuda de unos campesinos. De igual forma, los otomíes lo ayudaron a esconderse en el interior de un tambor. A su mentor, Huitzilihuitzin, lo capturaron y atormentaron los soldados de Maxtla para que les dijera el paradero del príncipe texcocano, entonces, prodigiosamente, un tifón se llevó al anciano por los aires y lo dejó sano y salvo en un valle. Ustedes sabrán si creen en estas leyendas.

¿SILLAS Y MESAS?

Los aztecas no utilizaban sillas ni mesas para comer. Solían sentarse en cuclillas y colocar sus platos en el piso. Los señores reyes acostumbraban sentarse en almodones. Al parecer Moctezuma Xocoyotzin fue de los primeros en utilizar las mesas para comer. De acuerdo con las crónicas españolas, Motecuzoma tenía una mesa de baja estatura.

A partir de aquí, Nezahualcóyotl consiguió alianzas con la mayoría de los pueblos, los cuales le proporcionan ejércitos y suministros. Cuando lleguemos a los capítulos de los tlatoque, en particular de Izcoatl, veremos esta misma historia desde la perspectiva de los mexicas. Por el momento continuaremos con la versión de los acolhuas.

Entre sus principales aliados se encontraban Zacatlan, Tototepec, Tepeapulco, Tlaxcala, Huexotzingo, Cholula y Chalco. A principios de agosto de 1427 atacaron Texcoco, Acolman y Coatlichan. Después de esto, el tlatoani Izcoatl le ofreció su ayuda. La alianza con los mexicas disgustó a los demás aliados. Nezahualcóyotl los ignoró y prosiguió con su guerra en contra de Maxtla.

Luego de ciento quince días de guerra las tropas lograron entrar a Azcapotzalco, ciudad que fue destruida por completo y sus pobladores asesinados. Entiendo perfectamente el efecto devastador de las guerras, sin embargo, creo necesario hacer un paréntesis en este punto. Se ha escrito mucho sobre la bondad de Nezahualcóyotl. ¿Si en verdad era de esa manera, tiene lógica el acto de venganza que llevó a cabo? Al asesinato de todo un pueblo se le llama genocidio. Se supone que él era el bueno y Maxtla y Tezozomoc los tiranos. Hasta lo que investigado sobre los últimos dos, ellos no asesinaron pueblos enteros.

Era tal el deseo de venganza de Nezahualcóyotl que tras capturar a Maxtla lo llevó a la plaza central de Azcapotzalco y ahí, frente a todos, le sacó el corazón. Contrario a lo que dice Fernando de Alva Ixtlilxochitl, otra versión afirma que

Maxtla huyó de Azcapotzalco, rumbo a la ciudad que gobernaba antes de la muerte de su padre, Coyoacán. No obstante, la guerra no estaba terminada. Había pueblos rebeldes que se negaban a dar vasallaje a Nezahualcóyotl, algo que su cronista no explica. La guerra se concluyó hasta 1430.

Es en este punto que nació La triple alianza: Tlacopan pertenecía a Azcapotzalco y no luchó contra las tropas de Maxtla. El único mérito de este pueblo fue permitir el paso de las tropas enemigas por su territorio rumbo a Azcapotzalco. En realidad había otros pueblos que merecían pertenecer a esta alianza que supuestamente les otorgaría el mismo poder a los tres señores principales.

La alianza original era entre México-Tenochtitlan y Texcoco, muy a pesar de Nezahualcóyotl. No es fácil compartir el poder. Sin embargo, el príncipe texcocano había "vendido" —por llamarlo de alguna manera— su corona a cambio de un ejército poderoso. De no hacerlo, jamás habría logrado recobrar el imperio perdido, un imperio que por supuesto jamás recuperó. Se dice que al finalizar la guerra Nezahualcóyotl sintió la necesidad de contrarrestar el poder de los mexicas en esa alianza y que por ello se incorporó un tercer afiliado que fungiera como mediador, lo cual, hasta cierto punto era coherente.

La gran pregunta era, ¿quién sería ese tercer partidario? Ninguno de los dos estaba dispuesto a incluir a un gobernante con el mismo peso político y bélico. Nezahualcóyotl sugirió incluir a Tlacopan, con la excusa de que era lo que quedaba del reino tepaneca y no quería que muriera. Y una vez más llegamos a esas incongruencias inexplicables: ¿no se supone que había mucho odio hacia los tepanecas y que por eso asesinaron a toda la población de Azcapotzalco?

¿Por qué incluir a un gobernador descendiente de aquel linaje que ni luchó con ellos?

Se dice que una de las concubinas de Nezahualcóyotl era hija de Totoquihuatzin, señor de Tlacopan, y que ella le rogó que impidiera que su padre y su pueblo fueran denigrados al nivel de vasallos. Nezahualcóyotl aceptó e hizo la propuesta a Izcoatl, quien se negó rotundamente. La alianza entre Texcoco y México-Tenochtitlan se fracturó a partir de entonces y jamás sanó. El argumento de Nezahualcóyotl fue que era necesario tener un mediador para que la alianza sobreviviera. En el punto en el que ambos señoríos se encontraban, resultaba inconveniente comenzar una nueva guerra, así que Izcoatl aceptó la propuesta de su homólogo.

Acolmiztli Nezahualcóyotl fue jurado chichimeca tecutli en 1431, trece años después de la muerte de su padre. Fue coronado en México-Tenochtitlan por Izcoatl y Totoquihuatzin, señor de Tlacopan, actual Tacuba.

Los cronistas texcocanos llenan de flores al gobierno de Nezahualcóyotl con ciertas leyendas, que a mi punto de vista, hoy en día, serían tomadas como populismo: regalos ocasionales a un par de pobres y acciones que no son dignas de contar, por pueriles.

Las relaciones entre Texcoco y México-Tenochtitlan fueron en general ignominiosas, a pesar de que la alianza se mantuvo hasta la llegada de los españoles. Sobre las diferencias entre ambos pueblos las crónicas texcocanas y mexicas son desiguales, en ocasiones tan incongruentes que parecen producto de la imaginación de sus autores o quienes les contaron dichas versiones. Lo primero que dice Ixtlilxochitl sobre estas desavenencias es que terminada la guerra, Izcoatl se negó a darle su parte del gobierno a Nezahualcóyotl. De acuerdo con Mariano Veytia, quien tomó por verdad todo lo escrito por Ixtlilxochitl, "la ambición y la envidia se apoderaron de Izcoatl y, con el pretexto de exaltar a su nación y aumentar sus dominios con la mitad de las tierras conquistadas, exigió que se le reconociera como cabeza del imperio en igual grado que a Nezahualcóyotl. Y este generoso monarca, accedió". Y agrega que Izcoatl no saciaba su ambición y celos. En respuesta, el rey acolhua mandó llamar a sus tropas y retó a Izcoatl a una batalla, pero como el tlatoani no respondió a la declaración de guerra, Nezahualcóyotl "lo afrentó delante de sus soldados representándolo como una mujer". Al leer esto, imaginé una de las repetidas escenas de la trilogía de películas *Volver al futuro,* en las que Biff Tannen se burla de Marty McFly y le dice que no sea una gallina. Mariano Veytia agrega que Izcoatl —para él un hombre hundido en su cobardía— le envió veinticinco mujeres como regalo a Nezahualcóyotl, las cuales fueron devueltas días más tarde.

Asimismo se narra sin mucha claridad que tras la muerte de Izcoatl, Nezahualcóyotl se negó a reconocer a Moctezuma Ilhuicamina como tlatoani. Más adelante se narra que el tlatoani y el señor de Texcoco tuvieron un conflicto por la ampliación del templo de Huitzilopochtli. El primero quería el auxilio de aliados y vasallos para la construcción y el segundo se negó.

Se sabe muy poco sobre la vida de Nezahualcóyotl después de la creación de la triple alianza. Existen algunas leyendas que opacan la historia del rey acolhua.

¿ARQUITECTO?

Siempre que se habla de Nezahualcóyotl se le adorna como poeta y arquitecto. Se dice que construyó varios palacios para su habitación en México-Tenochtitlan y un acueducto. Una vez más, la única versión que lo sustenta —mas no lo comprueba— es la de Fernando de Alva Ixtlilxochitl. Hay un gran abismo entre ser arquitecto y ser el jefe de una obra. Hoy en día se llevan a cabo grandes construcciones durante las gestiones de gobernadores, mas no por ello los llamamos arquitectos. Como ya mencioné, todos los que recibían formación en el calmecac estudiaban poesía, arquitectura, astrología, historia, religión, entre otras cosas. No por ello tenían que sentarse a diseñar planos, que por supuesto no eran tan complejos como las construcciones de hoy en día. Yo dudo que Nezahualcóyotl haya diseñado alguna construcción en su vida. Creo más probable que haya dado la orden de que se construyeran algunos edificios.

De acuerdo con Juan Bautista Pomar, Nezahualcóyotl "tenía todas las mujeres que quería, de todo género de linajes, altos y bajos, y entre todas tenía una por legítima". Además, "tenía muchas casas en diferentes partes de la ciudad y fuera de ella, en vergeles y recreaciones, donde tenían sus mujeres y donde criaban a sus hijos con amas y criados".

No se sabe cuántas concubinas tuvo Nezahualcóyotl, pero sí existe, aunque no es posible comprobar su verosimilitud, una cifra de los hijos que tuvo: sesenta varones y cincuenta y siete mujeres. Sólo dos de ellos fueron legítimos: Tetzauhpintzintli, quien años más tarde fue acusado de rebeldía contra su padre y murió tras ser juzgado, y Nezahualpilli, quien heredó la corona.

LAS MUJERES DE NEZAHUALCÓYOTL

Algunos escritores consideran inverosímil que Nezahualcóyotl, Moctezuma Xocoyotzin y otros, hubieran tenido más de cien concubinas. Yo no encuentro razón para dudar. En estos pueblos se practicaba la poligamia. Entre más poder tenía un hombre, más mujeres solía tener, en muchas ocasiones, sólo para competir con los otros gobernantes. Sería bueno tomar como ejemplo el caso de Abumbi II, que en 1968 se convirtió en el undécimo *fon* (rey) de Bafut, Camerún. Para el 2015 tenía casi cien esposas, algunas de ellas heredadas de su predecesor Achirimbi II, quien gobernó de 1932 a 1968.

Existe una leyenda que parece copiada de la Biblia. Quienes conozcan la historia de David, Betsabé y Urías, encontrarán las similitudes. Se dice que Nezahualcóyotl llevaba varios años sin elegir una esposa (aquí es donde la versión de las veinticinco mujeres que Izcoatl le envió suena más creíble). Sin embargo, Nezahualcóyotl rechazó las ofertas que le habían hecho, no sólo Izcoatl, sino muchos otros señores. Finalmente Nezahualcóyotl eligió a una jovencita de Coatlichan. No se especifica la edad pero sí que era muy chica. Se sabe que los hombres tomaban a las adolescentes desde los doce y los trece años; entonces podemos inferir que esta niña debió ser menor. Nezahualcóyotl le entregó esta niña a su hermano Cuauhtlehuanitzin para que la criara y la adoctrinara. No se aclara cuántos años transcurrieron, pero resulta que el hermano, ya de edad avanzada, murió y su hijo Ixhuetzcatocatzin la tomó por esposa. Nezahualcóyotl mandó una embajada por la joven (como si de pronto se hubiera acordado de que por allá, en un pueblo olvidado, se encontraba su futura esposa). Ixhuetzcatocatzin les dijo a los embajadores que él no sabía que la joven estaba comprometida. ¿Nunca nadie le explicó la razón por la que esta joven vivía en casa de su padre? ¿Nezahualcóyotl jamás fue a verla, por lo menos para saber cómo estaba? ¿A la muchachita nadie le dijo que estaba comprometida con el rey de Texcoco? En fin, Ixhuetzcatocatzin fue llevado a juicio y salió libre de culpa.

El rey acolhua salió triste de su palacio y se fue caminando hasta el pueblo de Tepechpan. Cuacuauhtzin, señor de aquel poblado y vasallo de Nezahualcóyotl, lo recibió en su casa. Vuelven las incongruencias: se dice que Cuacuauhtzin estaba criando en su casa a una joven de diecisiete años, hija de Temictzin, miembro de la nobleza mexica, para casarse con ella. Es decir, estaba criando a su futura esposa. El caso es que Nezahualcóyotl se enamoró de ella y tras salir de esa casa fraguó un plan para matar a Cuacuauhtzin y quitarle la novia. Entonces pidió —con el argumento de que quería castigarlo por ciertos delitos— a los señores de Tlaxcala que en la próxima guerra florida mataran a Cuacuauhtzin. ¿Castigarlo por ciertos delitos? Se supone que Texcoco tenía las mejores leyes de todo el Anáhuac. Incluso, se dice que cuando no se podía solucionar un juicio en Tenochtitlan era remitido a Texcoco.

Cuacuauhtzin era mayor de edad, así que no lo correspondía ir a las guerras, aun así, Nezahualcóyotl lo envió. Muerto Cuacuauhtzin, el rey acolhua llevó a cabo otra maniobra que raya entre lo estúpido y lo inverosímil: Nezahualcóyotl se mensajeaba en secreto con Azcalxochitzin, porque se supone que estaba en duelo. Las mensajeras eran una prima y luego una anciana. El rey colhua mandó construir una calzada estacada por la que luego se transportaría una peña para ponerla en el bosque de Tepetzinco. Entonces, según el plan maestro, la joven tendría que salir el día que eso ocurriera y caminar —por pura curiosidad— hasta el lugar donde colocarían la peña. Ahí Nezahualcóyotl la vería desde su balcón y la mandaría llamar.

Nezahualcóyotl es, sin duda, uno de los personajes más queridos de la historia, incluso por arriba de otros mucho más conocidos y mejor delineados, como Benito Juárez, Emiliano Zapata o Pancho Villa. La diferencia entre ellos y el rey acolhua es que éste es en su mayoría una leyenda mal redactada, saturada de exageraciones, en muchas ocasiones una tomada de pelo y en otras una lista de poemas que casi nadie conoce pero que aseguran son hermosos. Prefiero tomar el riesgo de que los lectores cierren este libro, a continuar con la línea de escritores que repiten y repiten las mismas versiones con tal de no afectar sus ventas. Tengo la certeza de que otros continuarán hasta la última página.

EL DIOS TLOQUE NAHUAQUE

Se dice que Nezahualcóyotl y sus ancestros adoraban al dios Tloque Nahuaque, sin embargo, no hay pruebas arqueológicas sobre la existencia de este dios único y creador del mundo, o mejor conocido como El dueño del cerca y del junto, y pocos cronistas le han dado importancia.

El maestro José Luis Martínez, en su libro *Nezahualcóyotl, vida y obra*, aborda ampliamente este tema y nos lleva a dos conclusiones.

Primera. "El dios Ometeotl tiene los siguientes atributos existenciales: es Yohualli-ehécatl, que significa «invisible

e impalpable», es In Tloque in Nahuaque, que significa
«el dueño del cerca y del junto», además de otras tres.
Segunda: "Según Alva Ixtlilxochitl, Nezahualcóyotl
decía que después de nueve cielos estaba un dios al que
llamaba Tloque Nahuaque, o cuando, si se ofrecía tratar
de deidades, no nombraba a ninguna en particular, sino
que decía In Tloque Nahuaque, Ipalnemoani; estaba
repitiendo en realidad conceptos de la doctrina tolteca,
al referirse a los nueve cielos o al mencionar algunos
de los atributos de Ometeotl, la divinidad suprema.
En pocas palabras, para José Luis Martínez, el
dios Tloque Nahuaque es una deformación
en los testimonios históricos.

CAPÍTULO 2

GOBERNANTES DE
MÉXICO-TENOCHTITLAN

Tenoch

La historia de los mexicas es más fácil de descifrar, ya que proviene de diversos medios —el *Códice Borgia, Códice Florentino, Códice Matritense, Códice Ramírez, Crónica mexicana* de Hernando de Alvarado Tezozomoc, *Las ocho relaciones y el memorial de Colhuacan* de Domingo Chimalpain Cuauhtlehuanitzin, *Anales de Tlatelolco, Anales de Cuauhtitlan, Relación de la Nueva España* de Fray Toribio Paredes de Benavente, y *Los indios de México y Nueva España* de Bartolomé de Las Casas, por mencionar algunos—, por lo tanto podemos cotejar, comparar, desechar y concluir, aunque siempre quedarán dudas. Cabe destacar que aunque también incluyen algunas fábulas y se dejan llevar por la subjetividad, en algunas ocasiones no alcanzan el nivel de exageración de Fernando de Alva Ixtlilxochitl.

Para comenzar, es inevitable hablar de Tenoch sin abordar la leyenda de la peregrinación de las siete tribus nahuatlacas. Se dice que venían de Aztlan, en algún lugar en el norte de México. Algunos historiadores han señalado este lugar en Colorado, Estados Unidos. Si enfocamos nuestra atención en el clima que atormenta año con año al norte del país, suena razonable que estas tribus salieran en busca de un lugar más cómodo para habitar. Por otra parte no debemos descartar que algún explorador haya encontrado tierras más fértiles y al volver haya dado noticia a su pueblo.

Los mexicas inventaron una leyenda para justificar su peregrinación. Al principio, los siete barrios se llamaban: Iopico, Tlacoch calca, Huiznahuac, Cihuatepaneca, Chalmeca, Tlacatepaneca e Izquiteca. Cada uno tenía su dios: Quetzalcoatl Xocomo, Matla, Xochiquetzal, Chichitic, Centeutl, Piltzintecutli, Meteutli y Tlamacazqui, respectivamente.

El 2 de abril de 2013, día en que inició la campaña presidencial de Nicolás Maduro, en Venezuela, el candidato aseguró que su antecesor, el ex presidente Hugo Chávez, se le había aparecido en forma de pájaro y lo había bendecido. "De repente entró un pajarito —dijo Maduro—, chiquitico, y me dio tres vueltas acá arriba. Se paró en una viga de madera y empezó a silbar. Un silbido ahí, bonito. Yo me le quedé viendo, y también le silbé, pues. Si tú silbas yo silbo. Entonces silbé. El pajarito me vio raro. Silbó un ratico, me dio una vuelta y se fue. Yo sentí el espíritu de él. Lo sentí ahí, como dándonos una bendición, diciéndonos: "Hoy arranca la batalla. Vayan a la victoria, tienen nuestra bendición". Esto generó burlas alrededor de todo el mundo. Sin embargo, no es el primero que se inventa una historia así, pues resulta que es extremadamente parecida a la leyenda de Huitzilopochtli. Quién sabe si Nicolás Maduro conozca la historia de México-Tenochtitlan o si fue pura coincidencia. Aquí la leyenda:

Este pueblo tenía un líder llamado Huitzitzilin, quien en determinado momento se encontró a un pajarillo cantando en la rama de un árbol, que le dijo en lengua nahua: "tihui", que significa «vamos». Huitzitzilin fue en busca de Tecpaltzin y lo llevó al árbol. "Tihui, tihui", dijo el pajarillo.

—¿Escuchas eso? —preguntó Huitzitzilin.

—Sí —respondió Tecpaltzin—. Dice: vamos, vamos.

—¡Él nos está diciendo que sigamos el camino!

—Este es sin duda el aviso de alguna oculta deidad que se interesa en nuestro bien. Obedezcamos, pues, a su voz, no sea que nuestra resistencia atraiga una indignación sobre nosotros.

Se dirigieron al resto de las tribus y les informaron que algún dios les estaba diciendo, por medio de la voz de un pajarillo, que debían seguir adelante.

En el camino las siete tribus se separaron, al no ponerse de acuerdo en qué rumbo seguir. Huitzitzilin envejeció y, debido a que era muy querido, lo cargaron en andas, incluso después de muerto, hasta que de su cadáver quedaron sólo los huesos. Los sacerdotes le hablaban todas las noches para pedirle que los guiara. Hasta que se hizo presente y les dijo:

—Adelante, que ya vamos llegando al lugar.

Entonces le llamaron Huitzilopochtli, «Colibrí izquierdo» o «Colibrí del sur», en memoria del pajarillo que una vez le había hablado a Huitzitzilin y que les había indicado marchar hacia el sur. Le construyeron una silla de juncos a la que llamaron teoicpalli «asiento de dios», y eligieron a los cuatro sacerdotes que debían llevarlo en sus hombros cada vez, y a los cuales dieron el nombre de teotlamacazque «siervos de dios», y a la acción misma de llevarlo le llamaron teomama «cargar a dios». En todo lugar donde se asentaban fabricaban un templo para Huitzilopochtli, llamado El Cú. Y era por mandato del «dios portentoso» que alzaban el cañaveral.

La lista de los lugares por donde transitaron las tribus nahuatlacas es larga. Mencionaré algunos: Chicomoztoc, Michoacán, Malinalco, Atlilalaquían, Tlemaco, Apazco, Zumpango, Xaltocan, Ecatepec, Pantitlan y Chapultepec.

> **ASÍ HABLÓ HUITZILOPOCHTLI**
> De acuerdo con Chimalpain, Huitzilopochtli dijo a los sacerdotes: "Ahora ya no os llamaréis aztecas. Vosotros sois ya mexicas".

Al llegar al Anáhuac lo encontraron poblado y los lugares que querían tomar para fundar su ciudad, aunque estaban deshabitados, pertenecían a algún señorío.

Es justo aquí cuando da inicio el mito del águila devorando una serpiente sobre un nopal. Los mexitin llevaban varios años buscando un lugar para establecerse, pero nadie los quería como vecinos porque los consideraban bárbaros. Al verse en tal dificultad, los sacerdotes mexicas acudieron ante el señor de Azcapotzalco e inventaron que su dios Huitzilopochtli les había ordenado que buscaran un águila sobre un nopal devorando una serpiente, y que lo habían encontrado en un islote desierto —propiedad de Tezozomoc— en medio del lago. Casualmente el sitio estaba plagado de serpientes, nopales y aves de rapiña. Ya luego los mexitin se encargaron de dibujar el códice conocido hoy como *La tira de la peregrinación*.

Existe otra leyenda, casi desconocida, sobre el descubrimiento del islote. Se dice que los sacerdotes Axolohua y Cuauhcoatl salieron en busca de la tierra prometida y que se metieron al lago. Entre charquetales y juncias encontraron el pequeño islote, para ellos un lugar hermoso. Entonces Axolohua se hundió en el agua. Cuauhcoatl volvió con los suyos y les informó que su compañero había desaparecido de forma súbita entre las aguas verdes del lago. Al día siguiente, apareció Axolohua y les informó que una fuerza intensa lo había succionado hasta el fondo del lago y que ahí se le apareció Tláloc, quien le dijo: "Sea bienvenido mi querido hijo de Huitzilopochtli con su pueblo; dile a todos esos mexicanos, tus compañeros, que éste es el lugar donde han de poblar y hacer la cabeza de su señorío, y que aquí verán ensalzadas a sus generaciones".

En psicología, el autor de esta patraña hoy sería diagnosticado como paciente esquizotípico, es decir: alguien con déficit social e interpretativo, malestar agudo y capacidad reducida en relaciones sociales, distorsión cognitiva o perspectiva y excentricidades del comportamiento, ideas con referencias delirantes, creencias raras o pensamiento mágico, imaginación paranoide, afectividad inapropiada o restringida; pero la diferencia consiste en que en aquella época pensar o actuar de esta manera era usual, incluso, obligatorio por formar parte de una religión. Y como en toda religión, el que opine diferente es acusado de herejía.

De acuerdo con la leyenda, Huitzilopochtli hablaba a los sacerdotes todos los días y, tras haber encontrado la tierra prometida, les pidió que le construyeran un templo, lo cumplieron con prontitud. En realidad era una casita de barro. Entonces Huitzilopochtli les pidió que sacrificaran a una persona para consagrar el templo. Los mexitin salieron a capturar al primero de los miles que serían sacrificados en el que después se convertiría en el gran teocalli, el coatepetl o, en castellano, el Templo Mayor. La primera víctima a la que le sacaron el corazón en ese lugar era un habitante de Cul-huacan llamado Chichilcuauhtli.

Ahora bien, las cosas pudieron suceder de otra manera: de acuerdo con el historiador belga, Michel Graulich, la arqueología y algunos detalles de las fuentes sugieren que los mexitin pidieron asilo a la ciudad que ya existía en el islote y estaba habitada, y que con el paso del tiempo se apoderaron de ella y cambiaron la historia a su gusto, como se abordará en el capítulo de Izcoatl.

De igual forma, la imagen de Tenoch, el "fundador" de Tenochtitlan se ha ensalzado al otorgarle todo el crédito. Resulta que los mexitin después de muchos años deambulando por todo al valle del Anáhuac, llegaron al islote en medio del lago (ignoremos la posibilidad de que haya estado poblado), pero no venían dirigidos por un solo hombre, sino que por diez jefes: Amimitl, Tenoch, Mimich, Iczicuauh, Ocelopan, Cuapan, Aatzin, Ahuexotl, Acacitl y Atletl. Esto, según algunas crónicas. Otras mencionan a Mexitzin.

Se cree que Tenoch, «Tuna de piedra», nació aproximadamente en 1299 y que gobernó entre 1325 y 1363.

En 1337 ocurrió la primera división política de la ciudad recién fundada. Los insubordinados decidieron irse a vivir a un islote casi pegado al de México-Tenochtitlan y crear su propia ciudad a la que llamaron México Tlatelolco; ésta es la versión de los mexicas. Los tlatelolcas argumentan que ellos ya vivían ahí cuando los mexicas llegaron. Yo no descartaría esa segunda versión tomando en cuenta que los mexicas escribieron su relato con el único interés de exaltar sus virtudes.

Sobre Tenoch es muy poco lo que se sabe. Se le menciona en muchas crónicas pero no se interpreta su forma de pensar o actuar. Se ignora cuántas concubinas e hijos tuvo. Algunos historiadores le atribuyen disposiciones o lo sitúan en determinados instantes de la historia sin tener la certeza de los hechos; asumen que por haber vivido en esa época, Tenoch fue autor físico o intelectual, de la misma forma en que ocurrió con la historia de Cuauhtémoc.

Tenochtitlán significa «lugar de tunas sobre piedra», aunque hay quienes asocian el nombre con el caudillo Tenochtli o Tenoch, y traducen como «la tierra de Tenochtli».

Acamapichtli

«El que empuña la caña» o «Puño cerrado con caña»

PRIMER TLATOANI

Existen dos versiones sobre el origen de Acamapichtli. La primera asegura que cuando Tenoch murió los mexicas eligieron a Mexitzin, quien reunió a todo el pueblo y les propuso ir al pueblo de Colhuacan y solicitar un señor con el linaje noble que los gobernara, pues ellos aún se consideraban plebeyos. Entonces les dieron a Acamapichtli, y que por eso, con el paso del tiempo, los mexicas también eran llamados culhuas.

SAN JUAN DE ULÚA

Cuenta la leyenda que cuando Hernán Cortés llegó a la isla de San Juan de Ulúa, un 24 de junio, día de San Juan, le preguntó a los indígenas por el gran imperio y que ellos señalaron tierra adentro, diciendo: "Culhua, Culhua", refiriéndose a México-Tenochtitlan, pero que Hernán Cortés no les entendió y por ello llamó a aquella isla: San Juan de Ulúa.

La segunda versión dice que Acamapichtli era hijo de un mexica principal llamado Opochtli y Atotoztli, hija de Nauhyotl, tlatoani de Culhuacan y quien nació en 1355, aproximadamente. Su jura causó gran enojo a Tezozomoc, quien consideraba que ellos, por ser sus vasallos, no tenían derecho a un gobernante. El señor de Azcapotzalco mandó llamar al recién electo tlatoani para reclamarle. Acamapichtli acudió con el tributo de forma anticipada para tranquilizar un poco a Tezozomoc, quien al tenerlo de frente le reclamó por su elección y por muchas otras cosas. Antes de concluir aquel encuentro, el tecutli tepaneca les anunció que el tributo de peces, ranas, aves palustres y legumbres, en adelante, sería el doble; asimismo deberían llevar sauces y abetos crecidos para plantar en su palacio y construir campos flotantes en las orillas de Azcapotzalco. De ser esto cierto, el invento —por lo menos de forma intelectual— de las chinampas debería adjudicársele a Tezozomoc. Sin embargo no existe evidencia de esto.

El excesivo incremento del tributo provocó mucha angustia en el pueblo mexica. Una leyenda cuenta que Huitzilopochtli le habló al sacerdote Ococaltzin: "He visto la aflicción de los mexicas y sus lágrimas. Diles que no se angustien ni reciban pesadumbre, que yo los sacaré en paz y a salvo de todos estos trabajos; que acepten el tributo; y dile a mi hijo Acamapichtli que tenga buen ánimo y que lleven las sábanas y lo sauces que les piden, y hagan la balsa y siembren en ella todas las legumbres que les piden, que yo lo haré todo fácil".

Para mejorar las relaciones entre Azcapotzalco y México-Tenochtitlan y, los sacerdotes decidieron solicitar a Tezozomoc a una de sus hijas para casarla con Acamapichtli. El rey tepaneca les respondió indignado que él no casaría jamás a una de sus hijas con alguien del vulgo. Los sacerdotes regresaron desalentados a la ciudad isla. Aunque al recién electo tlatoani eso le tenía sin cuidado, pues estaba en romance con la que había sido su nana. Se dice que la madre de Acamapichtli murió en el parto, entonces una mujer llamada Ilancueitl, se hizo cargo de él. No se explica con claridad, pero se asegura que en algún momento él y la mujer, dieciocho años mayor, comenzaron un romance que duraría toda la vida, a pesar de muchas vicisitudes: primero porque el tlatoani tenía otras veinte mujeres. Era común que los miembros de la nobleza le ofrecieran sus hijas a los reyes de todos los pueblos, así que a Acamapichtli no le faltaron las ofertas.

Otro de los motivos por los que la vida conyugal entre el tlatoani e Ilancueitl fue un tanto difícil, fue que ella era estéril, lo cual le provocó severos ataques de celos, especialmente en contra de las concubinas que le daban hijos a su marido cada año. Se dice que en alguna ocasión Ilancueitl le pidió a Acamapichtli que le cumpliera el capricho de secundar un embarazo espurio. Evidentemente lo más fácil era fingir la preñez. Pero el plan de Ilancueitl iba más allá: quería que Acamapichtli encerrara a una de sus concubinas en cuanto se enterara de que estaba embarazada para que, llegado el día del parto, Ilancueitl simulara por su cuenta su propio alumbramiento, con parteras y todo el montaje. Así, cuando el niño naciera, se lo llevarían rápidamente a Ilancueitl y se lo colocarían entre las piernas, como si ella misma lo hubiera parido. Todo parece indicar que así se cumplió. Se dice que el hijo que nació era Huitzilihuitl, futuro tlatoani.

Asimismo, se cuenta que Acamapichtli se enamoró de una esclava natural de Azcapotzalco que había ido a vender verduras a México-Tenochtitlan. En cuanto el tlatoani la vio, la mandó llamar y se la quedó como concubina. Con ella tuvo un hijo al que llamó Izcoatl, que años después fue tlatoani.

También se dice que Acamapichtli fue padre de Chimalpopoca, lo cual no se ha comprobado, pues de igual forma se asegura que Huitzilihuitl era el padre del mismo.

Por esos años comenzaban los conflictos entre Techotlala y Tezozomoc. Los mexicas acudían con obediencia a las guerras emprendidas por Azcapotzalco. De igual forma, se dice, casi a tono dramático, que los mexicas sufrían los abusos de Tezozomoc. Pero analizando con franqueza las solicitudes del señor de Azcapotzalco, no eran más que excentricidades: un ciervo vivo, el cual únicamente podría conseguirse en tierras enemigas; un pato y una garza preñada, y que los pollos picaran el cascaron en su presencia. Como ya mencioné, el objetivo de los cronistas, descendientes de la nobleza mexica y acolhua, era exagerar sus penurias y triunfos.

Acamapichtli gobernó aproximadamente entre 1375 y 1395. Durante este tiempo los mexicas emprendieron guerras —a favor de Azcapotzalco—contra Chalco (por más de doce años), Xochimilco, Mizquic, Cuitlahuac, Chimalhuacan, Tollocan y Cuauhtinchan. No se sabe de qué murió, pero se asegura que su fallecimiento fue muy sentido. En su gobierno creció el territorio gracias a la creación de las chinampas; se construyeron más y mejores viviendas, así como algunos canales dentro de la ciudad para mejorar la circulación.

Huitzilihuitl

«Pluma de colibrí»

SEGUNDO TLATOANI

Con la muerte de Acamapichtli da inicio la era de las elecciones en México-Tenochtitlan, lo cual no resulta fácil, ya que era un pueblo que apenas estaba aprendiendo a gobernarse a sí mismo y se encontraba en medio de los dos gobiernos más poderosos de la época: Texcoco y Azcapotzalco. Ambos les exigían que se adaptaran a sus costumbres. Su población era indomable en muchos aspectos. La ciudad aún carecía de un sistema legislativo y a Huitzilihuitl le correspondía afrontar todas estas adversidades.

Se cree que nació alrededor de 1375. Gobernó entre 1396 y 1417, aproximadamente. Al ser jurado tlatoani era aún soltero; por lo tanto, los sacerdotes decidieron acudir ante Tezozomoc (conscientes de que podrían ser desdeñados por segunda ocasión) y le solicitaron a una de sus hijas para casarla con Huitzilihuitl. Para sorpresa de los mexicas, el rey de Azcapotzalco accedió gustoso.

La princesa Ayauhcihuatl fue entregada a los mexicas y las nupcias se celebraron con grandes banquetes y danzas. La cereza del pastel fue el nacimiento del hijo primogénito de la pareja. Tezozomoc, alegre porque su linaje se expandía, absolvió a los mexicas del tributo, reduciéndolo a una entrega simbólica: dos patos, algunas ranas y otros animales del lago. Esto contradice por completo las versiones de los acolhuas que acusaron a Tezozomoc de tirano.

Este matrimonio despertó la ira de Maxtla, hijo de Tezozomoc y señor de Coyoacán, quien estaba enamorado de su media hermana, Ayauhcihuatl y celoso de Huitzilihuitl y los beneficios recibidos de parte de Tezozomoc. Entonces lo invitó a su palacio de Coyoacán a un banquete. Era común que los señores principales se visitaran entre sí, por lo tanto el tlatoani no puso en tela de juicio las intenciones de Maxtla. Después de la comida, ante todos los invitados, el señor de Coyoacán se puso de pie y le recriminó al tlatoani de México-Tenochtitlan por haberle quitado a la mujer que estaba comprometida con él. Huitzilihuitl le respondió que no estaba enterado de aquel compromiso y que si lo hubiera sabido, él mismo habría rechazado aquel matrimonio. Maxtla le dijo que bien podría matarlo ahí mismo, pero que no lo haría, pues no quería que se dijera que lo había matado a traición. No obstante le amenazó con cobrársela en el futuro.

Existe una versión que asegura que el hijo de Huitzilihuitl y Ayauhcihuatl, llamado Acolnahuacatl, fue asesinado en su cuna por sicarios enviados por Maxtla. Otras interpretaciones aseguran que el hijo Huitzilihuitl y Ayauhcihuatl fue Chimalpopoca, por lo tanto, dicho asesinato jamás ocurrió. Otros autores afirman que Chimalpopoca era hijo de Acamapichtli.

Asimismo, solicitaron una hija a Tezcacohuatl, señor de Cuauhnahuac (actual Cuernavaca), fundada por los tlahuicas, una de las siete tribus nahuatlacas, para casarlas con Huitzilihuitl. Le entregaron a la princesa Miahuixochitl, con la cual tuvo un hijo al que llamaron Moctezuma Ilhuicamina.

Huitzilihuitl supo aprovechar las circunstancias y oportunidades que se le aparecían. Engrandeció la isla, construyendo más chinampas, ya que el pueblo mexica había sido liberado del tributo a Azcapotzalco. También se benefició de los disturbios que llevaron a la ciudad de Culhuacan (descendientes directos de los toltecas) a la ruina. Con la llegada de los mexicas, los culhuas adoptaron su religión, lo cual provocó un cisma entre los sacerdotes de la religión chichimeca y los recién convertidos a la mexica. Fue tal el descontento que muchos comenzaron a abandonar la ciudad. Un grupo de ellos se refugió en Cuauhtitlan, ciudad que usurparon tras la muerte de Huactli, su señor principal. Huitzilihuitl nombró a su hermano Nauhyotl II señor de Culhuacan, alegando que tenían derecho a acceder al trono debido a que Acamapichtli había nacido en dicha ciudad.

Huitzilihuitl cambió las estrategias de combate de las tropas mexicas y creó nuevos títulos. Asimismo dictó nuevas leyes e hizo más estrictas otras existentes. Promovió la construcción de más canoas para el comercio y el ejército. Es decir, instituyó el uso de canoas en las guerras, algo que no se había hecho hasta el momento. Otorgó mayor jurisdicción a las ceremonias religiosas.

El reinado de Huitzilihuitl se caracterizó principalmente por la tempestuosa época en que transcurrió: el gobierno acolhua, en manos de Techotlala comenzó a perder el control sobre su imperio y habían llegado nuevas tribus con creencias religiosas muy distintas. Muchos las adoptaron, otros las imitaron y cambiaron a su parecer. Los gobiernos teocráticos cobraban poder. Cholula tenía un gobierno teocrático, mientras Tlaxcala y Huexotzingo aristocráticos. Tenochtitlan incluyó los tres estilos de gobierno: teocrático, aristocrático y militar. Acolhuacan era aristocrático y nada teocrático. Algunos pueblos no sabían cómo afrontar estos cambios. No existía un pensamiento único.

En la mayoría de los pueblos, la corona era hereditaria de padre a hijo, mientras que en México-Tenochtitlan se adoptó el método de elección, aunque no plural o democrático, sino cerrado a un círculo familiar. Tezozomoc vio en este método la respuesta para lo que muchos autores han llamado la "envidia del señor de Azcapotzalco", quien se creía con derecho a la corona por ser descendiente del fundador del imperio. En otras palabras, Tezozomoc adoptó el método de elección de los mexicas, aunque de una forma muy autoritaria.

Tras la muerte de Techotlala, Huitzilihuitl se vio en una encrucijada. Debía tomar una decisión que podría cambiar el destino del pueblo mexica para siempre. Su hermana estaba casada con Ixtlilxochitl, rey de Texcoco, aunque sin ser coronado. Por otro lado estaba su suegro, Tezozomoc. Parece sencillo pensar que Huitzilihuitl hubiera podido sacar la bandera de neutralidad ante la enemistad entre Azcapotzalco y Texcoco, pero la verdad es que era prácticamente imposible. Estaba obligado a tomar partido por alguno de los dos: su cuñado o su suegro. Aquí es donde nos podemos preguntar, ¿qué habría ocurrido si Huitzilihuitl hubiera defendido a Ixtlilxochitl? De haber sido así, es muy probable que el imperio mexica jamás hubiera surgido.

Escenario uno: Ixtlilxochitl gana la guerra, mata a Tezozomoc y los mexicas permanecen bajo el yugo acolhua, ya que jamás se da la guerra contra Maxtla ni se crea la Triple Alianza. Escenario dos: Tezozomoc gana la guerra y en castigo ordena destruir la ciudad de México-Tenochtitlan. Para bien de los mexicas, Huitzilihuitl tomó la mejor decisión: apoyar a su suegro.

Huitzilihuitl murió poco antes de que la guerra entre Azcapotzalco y Texcoco finalizara y del falleciemiento de Ixtlilxochitl.

La fecha de muerte de Huitzilihuitl es incierta: algunos autores dicen que murió en 1410, otros que en 1417, y así hay más fechas.

Chimalpopoca

«Escudo humeante»

TERCER TLATOANI

Hasta el día de hoy no se ha aclarado si Chimalpopoca era hijo de Acamapichtli o de Huitzilihuitl. Se dice que nació aproximadamente en 1405. Gobernó aproximadamente entre 1417 y 1426. De ser esto cierto, Chimalpopoca asumió el poder a los 12 años. Hasta el momento no he encontrado algún libro que confirme esto o que explique quién se hizo cargo del gobierno mientras el tlatoani alcanzaba la edad apropiada para tomar decisiones competentes en el gobierno. Por ello es mucho más probable que haya sido hijo de Acamapichtli y que haya nacido entre 1385 y 1400. Y si fue hijo de Huitzilihuitl, debió venir al mundo por lo menos diez años antes de que su padre fuera electo, lo cual podría ser cierto, pero de ser así, significaría que no era nieto de Tezozomoc. Es importante no olvidar este dato, ya que más adelante hablaremos sobre la importancia y riesgos de ser nieto del señor de Azcapotzalco.

Chimalpopoca asumió el gobierno en medio de la peor crisis política y económica de la región. Heredó una guerra que él no propició y que por supuesto no deseaba. Como ya mencioné, para la familia real de México-Tenochtitlan, esta guerra era un arma de doble filo: por un lado Tezozomoc, suegro de Huitzilihuitl (probable abuelo de Chimalpopoca), y por el otro Ixtlilxochitl, cuñado del tlatoani y tío o cuñado de Chimalpopoca.

Quienes afirman que Chimalpopoca era nieto de Tezozomoc aseguran que la relación entre abuelo y nieto era muy cercana, especialmente por parte del anciano. Tras asumir Chimalpopoca el poder, el señor de Azcapotzalco le dio a su nieto más beneficios que los que le dio a su yerno. Se dice que el tlatoani recibió ayuda de Tezozomoc para construir un acueducto desde Chapultepec hasta la isla y la calzada de Tlacopan. Así se lee en la *Crónica Mexicana* de Hernando de Alvarado Tezozomoc:

Chimalpopoca envió mensajeros a su suegro Tezozomoctli (nótese que aquí se dice que Chimalpopoca era yerno y no nieto de Tezozomoc), para que hiciera merced de darles licencia para que los mexicanos cortaran madera para estacas del monte de los territorios de Azcapotzalco y trajeran de allá cal y piedra.

Tezozomoctli dijo:
—Enhorabuena, hablaré con todos los principales de los tepanecas.

Hecho su cabildo, Tezozomoc propuso con clemencia que les concedieran piedra, madera y cal para el canal. Los tepanecas se alborotaron y respondieron con soberbia que no querían ederles lo que pedían, porque era como avasallarse, esclavizarse, hacerse cautivos de guerra. Así quedó y salieron del senado tepaneca.

Hubo otra vez cabildo entre los tepanecas, y dijo a los mayorales Colnahuatl, Tzacualcatl, Tlacacuitlahua, Maxtlaton, y Cuecuex:
—Sea esta la manera. Es nuestro el cerro de Chapultepec y nuestra agua la que pretenden llevar. Estos mexicanos

son advenedizos, bellacos y belicosos. Defenderemos el agua a fuerza de armas. Comencemos luego a hacer macuahuitles, rodelas y varas largas agudas. Que entiendan estos miserables mexicanos la fortaleza de nosotros los tepanecas. Veamos de dónde les vendrá la leña que allá queman y legumbres que van de nuestra tierra para México-Tenochtitlan, con las que se sustentan. ¿Dónde tendrán salida para buscarlo? Que entiendan que están muy apoderados a nuestras tierras, que son también nuestros tepanecas y nuestros vasallos.

Algunos autores aseguran que esta ayuda fue negada cuando Chimalpopoca la solicitó ya que el consejo tepaneca se mostró muy indignado ante aquella solicitud. Entre ellos, Maxtla, quien ya tenía un odio cocinado en contra de los mexicas. Terminada la guerra contra Texcoco, los mexicas recibieron el gobierno de esta ciudad, no obstante, era propiedad del nuevo imperio tepaneca.

Cabe mencionar que Alvarado Tezozomoc da a entender que el inicio de la guerra contra Azcapotzalco fue precisamente la inconformidad de Maxtla y sus aliados con el buen trato que el anciano Tezozomoc les dio a los mexicas. Aquí lo que dice Alvarado Tezozomoc:

—Traigamos a Chimalpopoca, que es nuestro nieto, y quédese en nuestro pueblo.

Otros que allí estaban dijeron:

—No está bien que venga a acá, sino la mujer que es nuestra nieta e hija de nuestro rey Tezozomoctli, porque Chimalpopoca es hijo y nieto de los mexicanos.

Viendo esta discordia entre ellos mismos, propusieron bandos unos y otros, de tal manera que vino el rompimiento, y fue tan grande, que unos convocaron a los comarcanos de los montes, y los otros de los llanos. Comenzaron a pedir socorro a Tacuba, Coyohuacan y otros lugares. Y esta fue la razón para que hubiera entre ellos guerras civiles.

Esto no significa que Hernando de Alvarado Tezozomoc posea la verdad absoluta. Al igual que la versión de Fernando de Alva Ixtlilxochitl, existen demasiadas incongruencias, debido a que ambos escribieron después de consumada la Conquista y a casi doscientos años.

Durante el gobierno de Chimalpopoca se le dio asilo a Nezahualcóyotl en México-Tenochtitlan. Se dice que fueron las tías de Nezahualcóyotl, hermanas y cuñadas de Chimalpopoca, las que negociaron con Tezozomoc el perdón, por llamarlo de alguna manera, para el príncipe que llevaba prófugo varios años. Era una manera de compensar el daño que los mexicas le habían hecho a los acolhuas al aliarse con Azcapotzalco a la guerra y llevar a cabo el asesinato de Ixtlilxochitl.

La muerte de Tezozomoc cambio la fortuna de Chimalpopoca. Se podría decir que quedó desamparado. El señor de Azcapotzalco decidió nombrar como heredero a su hijo Tayatzin en lugar de a su primogénito a quien consideraba demasiado cruel e irracional. Otra prueba de que Tezozomoc no era tan malo como lo pintan los acolhuas. Si hubiera sido tan desalmado, habría dejado a su hijo Maxtla en el trono para que hiciera todas las atrocidades que le vinieran en gana. Algunos autores creen que Tezozomoc hizo esto, conociendo el temperamento de Maxtla, para que iniciara una guerra, una forma de venganza contra los pueblos que había conquistado, lo cual me parece un poco absurdo. Si hubiera querido hacer tal atrocidad, lo habría hecho en vida. En cambio, sus últimos años de gobierno fueron extremadamente pacíficos.

Para Maxtla el nombramiento de su hermano como heredero del imperio fue el golpe más duro que su padre —quien siempre lo relegó por soberbio— pudo darle. La ira de Maxtla fue tal que llevó a cabo un siniestro plan, para exterminar a su hermano. Tras la muerte de Tezozomoc, Maxtla habló ante los asistentes del funeral:

—Si callé en presencia de mi padre fue solamente efecto de mi respeto, por no darle disgusto, viéndole tan cercano a la muerte; mas no porque me conformase con su disposición. Sepan todos ustedes que no pienso ceder el derecho que me dio la naturaleza. Por ello quiero que me juren como supremo monarca de toda la tierra. Si se rehúsan, con el poder de mi brazo, con el auxilio de los príncipes que me siguen y con el valor de los más esforzados capitanes del reino, que bien saben, están a mi devoción, entraré arrasando y destruyendo a fuego y sangre por las tierras de los rebeldes, hasta dejarlas desoladas.

Tayatzin tenía de su lado a la mayoría de los reyes aliados y los miembros de la nobleza tepaneca; sin embargo, muchos de ellos se sintieron atemorizados ante las amenazas del hermano incómodo. Luego de discutir por varias horas, todos los miembros de la nobleza tepaneca y los señores principales de los pueblos que habían acudido al funeral, deliberaron que lo más sano sería reconocer a Maxtla como supremo monarca. Tayatzin, por su parte, no era bélico, así que no le interesó pelear por la corona que su padre le heredó. Años atrás había ocurrido algo similar, cuando Tezozomoc le otorgó el reino de Coyoacán a Tayatzin, Maxtla le reclamó a su padre y él accedió a darle aquellos territorios a su primogénito.

Hasta aquí la historia podría haber terminado en paz, pero según algunos testimonios, Chimalpopoca y Tlacateotzin, señor de Tlatelolco, aconsejaron a Tayatzin que recuperara el imperio, lo cual es muy probable, pues con Maxtla en el poder, los mexicas y los tlatelolcas habían perdido todos los privilegios recibidos por Tezozomoc, incluyendo el control de Texcoco, el cual estaba en manos del tlatoani. El plan consistía en que Tayatzin le dijera a su hermano que no se sentía cómodo viviendo en el palacio de su padre y quería construir uno propio. Terminada la obra, Tayatzin invitaría a Maxtla a un banquete en el que le colocaría un collar de flores y con éste lo ahorcaría.

Existe una leyenda, que no puede ser comprobada, pero que podría ser la razón por la que Chimalpopoca buscó que Tayatzin asesinara a su hermano. Se dice que en alguna ocasión, una de las esposas de Maxtla invitó a Matlalatzin, esposa de Chimalpopoca, al palacio de Coyoacán, y que ahí la mujer de Maxtla, quien había sido tan sólo un instrumento, se retiró y dejó a la reina de México-Tenochtitlan con el señor de Coyoacán. El resultado: Maxtla abusó sexualmente de aquella mujer, quien no pudo más que volver humillada a su ciudad. No se sabe con exactitud cuál fue la reacción de Chimalpopoca al enterarse de este acto de barbarie. Por lo mismo también se podría dudar de la existencia de estos hechos ya que, aparentemente, el tlatoani no hizo nada al respecto. Asimismo, debe tomarse en cuenta, primero que no había instituciones que intermediaran en este tipo de situaciones, y segundo, que Chimalpopoca no estaba en la mejor posición para cobrar venganza por sí mismo ni por sus hombres.

Lo mejor era dejarle el trabajo sucio a alguien que no lo involucrara, o por lo menos que no lo hiciera de manera tan obvia. Estas son tan sólo conjeturas, asumiendo que en verdad Maxtla haya violado a la mujer de Chimalpopoca. Otra razón por la que podemos creer que Chimalpopoca y Tlacateotzin organizaron el ardid en contra de Maxtla, es que la mayoría de los cronistas delinean a Tayatzin como humilde, justo, pacifista que ni siquiera había participado en las guerras emprendidas por su padre. Por lo tanto es difícil creer que él haya deseado matar a su hermano.

Como sea, la construcción del palacio de Tayatzin se llevó a cabo, pero no como lo habían planeado Chimalpopoca, Tlacateotzin y Tayatzin. Un sirviente de Maxtla —que se supone era enano— se escabulló de alguna manera al palacio del tlatoani y escuchó la conversación en la que se planeaba aquel asesinato. Maxtla se enteró, y en lugar de reclamarle a su hermano, le proporcionó todos los obreros y el material necesario para que se concluyera la obra lo más pronto posible. Incluso se ofreció a hacerse cargo del banquete. Llegada la fecha en que se celebraría la inauguración del palacio, Chimalpopoca y Tlacateotzin no acudieron. Maxtla se encargó de que aquel banquete fuera majestuoso. Al terminar la comida, mientras todos los invitados aún seguían sentados, el supremo monarca se puso de pie, caminó hacia su hermano y le reclamó sus intenciones de asesinarlo y finalmente lo mató. Hay algunas crónicas que dicen que fueron los soldados de Maxtla los encargados de llevar a cabo este homicidio.

Al parecer, días después Chimalpopoca y uno de sus hijos, llamado Teuctlehuac, fueron arrestados por las tropas de Maxtla y Tlacateotzin —que se había dado a la fuga en una canoa— fue asesinado en medio del lago. Chimalpopoca estuvo preso por un tiempo desconocido. Algunos autores aseguran que fueron varias semanas, otros que fueron días. El caso es que Chimalpopoca fue asesinado en esa prisión, a pesar de que Nezahualcóyotl había asistido ante Maxtla para solicitar la liberación del tlatoani.

Aquí también hay algunas contradicciones en la historia. Como ya había comentado, se dice que Chimalpopoca era nieto de Tezozomoc. Bajo el argumento de que el tlatoani era en realidad tepaneca y no mexica, se ha dicho que los mexicas —algunos acusan a Tlacaelel y otros a Izcoatl— fueron quienes en realidad mataron a Chimalpopoca. Un argumento que carece de verosimilitud ya que Izcoatl era hijo de una mujer nacida en Azcapotzalco.

Izcoatl

«Serpiente de obsidiana»

CUARTO TLATOANI

Nació aproximadamente en 1380 y gobernó entre 1427 y 1440. Algunos autores dicen que Izcoatl fue hijo de Acamapichtli y una esclava tepaneca. Hernando de Alvarado Tezozomoc asegura en la *Crónica mexicana*, que Izcoatl era hermano de Acamapichtli: "Señores mexicanos, ya han visto la gran traición y crueldad que han usado estos tepanecas al haber matado a nuestro rey, hijo y nieto de ellos. No ha quedado sin raíz el trono del rey Acamapichtli, pues otros hermanos le quedan. Por eso, mexicanos, determinemos en alzar un nuevo rey, para que no quede esta República Mexicana sin cabeza, ni sea oportunidad para que los comarcanos nos vengan a conquistar. Y para evitarlo, pongamos por nuestro rey a Izcoatl su hermano". Y no sólo eso, dice que era hermano de Chimalpopoca, con lo cual sugiere que Chimalpopoca y Acamapichtli eran, a su vez, hermanos. Así nombraron a Izcoatl, segundo hermano de Chimalpopoca.

Después de sus antecesores, Izcoatl fue el primer tlatoani del que se tiene mayor certeza sobre la fecha en que finalizó su gobierno, aunque el inicio y su fecha de nacimiento aún están en duda. Francisco Javier Clavijero sitúa el inicio de su mandato en 1423, Diego Durán en 1426, el *Códice Mendocino* en 1427, Bernardino de Sahagún en 1439, por mencionar algunos.

Eso no es lo único confuso de la historia de este tlatoani. Su participación en la guerra contra Maxtla ha quedado opacada por la entusiasta narración de Fernando de Alva Ixtlilxochitl, quien otorga todo el crédito de la victoria a su tatarabuelo Nezahualcóyotl. Eso no significa que Hernando de Alvarado Tezozomoc no haya hecho algo similar, pero no tan exagerado. El cronista mexica le da todo el mérito de la victoria a los mexicas, sin siquiera mencionar a Nezahualcóyotl en la toma de decisiones, como lo vemos en la crónica de Ixtlilxochitl.

En esta versión de la historia, los mexicas deciden levantarse en armas en contra del tirano Maxtla, quien mandó apresar a Chimalpopoca para luego darle muerte.

Tlacaelel es otro personaje que ha opacado la memoria de Izcoatl, y no precisamente el Tlacaelel verdadero, sino del novelista Antonio Velasco Piña, por quien siento un profundo respeto y admiración. Pero hay que ver las cosas desde una justa dimensión. Jamás debemos poner en primer plano la interpretación de un novelista, y mucho menos asumirla como verdad absoluta. El Tlacaelel de Velasco Piña es producto de su imaginación, así como el Moctezuma que yo escribí o el Cuauhtémoc de Pedro Ángel Palou. Son interpretaciones y por lo tanto son subjetivas, aunque el autor haga el mayor esfuerzo por mantenerse imparcial. Para Velasco Piña, Tlacaelel es el verdadero protagonista de aquella época, así como para Palou, Cuauhtémoc es un héroe en la guerra contra los españoles. En mi opinión, Tlacaelel y Cuauhtémoc no merecen los lugares que se les han dado en la historia. Sobre Cuauhtémoc abordaré el tema en el capítulo correspondiente, así que me enfocaré únicamente en Tlacaelel.

Como punto inicial, vale la pena analizar qué llevó a don Antonio Velasco Piña a escribir una novela sobre Tlacaelel.

Evidentemente, su interés por la historia de los aztecas y el deseo de escribir una novela, pero más allá de esto, se encuentra una frase de Diego Durán que asegura que no se hacía en todo el reino más que lo que Tlacaelel mandaba, y la cual ha repercutido en varias crónicas, lamentablemente, copias de otras copias, lo cual no implica que sea mentira. Chimalpain también dijo algo parecido: "Fue Tlacaelel quien, levantándose, combatió primero e hizo conquistas y así sólo vino a aparecer porque nunca quiso ser gobernante supremo en la ciudad de México-Tenochtitlan, pero de hecho a ella vino a mandar".

El cihuacoatl era el consejero del tlatoani, mas no el poder detrás del poder. En otras palabras, era una especie de secretario de Gobernación o un vicepresidente. Hay quienes dicen que era un gobierno dual, lo cual no me parece desatinado. En la novela de Velasco Piña se le da a Tlacaelel un protagonismo desmedido y desdibuja la imagen del tlatoani. Por supuesto que si se toma como una novela, no hay ningún problema. A continuación compartiré con ustedes lo que Hernando de Alvarado Tezozomoc dice sobre Tlacaelel:

Dijo el rey Izcoatl:

—Óiganme, hermanos y señores mexicanos. Se ha de hacer esto que determinan. Hemos de someternos a los tepanecas, y será lo que ellos dicen. ¿O piensan pasarlo por alto? ¿Quién será el mensajero que irá con tal embajada? Acuérdenlo ustedes.

Los mexicanos estaban escuchando atentos, esta respuesta, pero ninguno habló en contra de ella.

A esto respondió Atempanecatl Tlacaeleltzin:

—Señor y rey nuestro, ¿para que soy en esta vida? ¿Para

cuándo he de hacer servicio a mi rey y patria? Yo quiero tomar la demanda de ser mensajero. Y si allá muero, así ha de
ser. Pero sea con consentimiento de estos nuestros hermanos, deudos y parientes. Y les encargo a mi mujer e hijos.

A esto respondió Izcoatl:

—Para siempre habrá memoria tuya. Y tomo a mi cargo
a tu mujer e hijos. Veré por ellos y los sustentaré como a
mis hermanos que son.

Luego se preparó Atempanecatl Tlacaeleltzin —principal como gran varón de mucha cólera, prudencia y razón— para llevar el mensaje de parte de los mexicanos.

Luego de haber partido llegó frente a los guardias de
Xoconochnopalyacac, donde estaba puesta una rodela en
señal de guerra y guarda de Azcapotzalco. Luego le llamaron por su propio nombre diciéndole:

—Ven acá, ¿no eres tú Atempanecatl?

—Yo soy el que nombran —respondió.

—¿A dónde vas?

—Soy mensajero.

—Eso no puede ser. Vuelve, que es por demás pasar de
aquí, porque de no hacerlo, morirás sin ir a donde quieres.

—Sea lo que ustedes quieran, pero para cuando vuelva.

Y así con esto lo dejaron pasar al palacio de los tepanecas. Luego Atempanecatl explicó el motivo de su embajada,
diciendo:

—Rey y señor nuestro, soy enviado de su vasallo Izcoatl,
y como tal le ha de recibir. Condolécete de tu pueblo mexicano.

A esto respondió el rey y el senado tepaneca:

—Mira, Atempanecatl, bien conozco la humillación y
sujeción de los mexicanos, pero está por demás, pues los
tepanecas están alborotados y corajudos. Ten paciencia y

vuelve con esta respuesta con tu rey y hermano. Les dirás con ruegos a los guardias que te den libertad y seguridad como embajador que eres.

Y con esto se volvió Atempanecatl por el camino donde se encontraban los guardias principales de los tepanecas en Xoconochpalyacac, los cuales como lo vieron, le dijeron:

—¿Cómo es que vienes por aquí, Atempanecatl? Está por demás pasar sin que dejes aquí la vida.

—Señores míos —respondió Atempanecatl—, yo soy mensajero, y tengo que volver muchas veces al senado tepaneca para la resolución, rendidamente les ruego me dejen ir con libertad.

—Pues has de volver, ve a la buena ventura y pronto, que aquí te aguardaremos.

Llegado a México-Tenochtitlan y estando en presencia del senado mexicano y del rey Izcoatl dijo Tlacaelel que después de haber dado su embajada al rey y a todos los tepanecas, Maxtla le respondió:

—Atempanecatl, principal mexicano, ya he oído tu embajada. ¿Qué quieres que haga? ¿Que no seré poderoso para contradecir el propósito de los tepanecas, de hacer guerra con los mexicanos? Por eso vuelve y dale esta respuesta a Izcoatl.

Haciendo junta los mexicanos dijeron:

—Señores mexicanos, ¿por qué no quieren que estemos en sujeción de los tepanecas? ¿No les da dolor y compasión tanta criatura de niños, viejos y viejas que podrán por su causa padecer si se sigue adelante con este intento de los tepanecas? Pues saben que son tantos que hasta los montes están poblados de ellos. ¿Cómo no se resuelven, pues nosotros contra ellos somos como diez contra uno? ¿Hay que estar fortalecidos en sus casas, tierras, montes y vasallos?

¿En qué piensan ustedes? No tenemos una guarida en el cerro, peñol o cueva, donde se escondan estas pobres mujeres, niños y viejos de las manos de nuestros enemigos.

A esto respondió Atempanecatl:

—Sea así, pues señores y hermanos mexicanos principales, ¿cuál es la razón de no querer que vayamos a Azcapotzalco? Satisfagamos con su último parecer y determinación su voluntad.

Respondieron los principales valerosos, adelantados de esta manera:

—Señores mexicanos, vecinos, si se ha de iniciar la guerra, comencemos y tomemos nuestras armas, arcos, flechas, rodelas, y dardos. De esta manera no perderemos nuestro honor; si hacemos todo lo posible. De lo contrario dejaremos nuestra república en manos de extraños.

Respondieron los otros mexicanos con valeroso ánimo:

—Sea enhorabuena, y que con suerte podamos con los tepanecas que son una gran suma.

Los primeros mexicanos, habiendo oído esto, respondieron a los mexicanos que se aventurarán a la guerra.

Como este episodio, hay otros. Si hacemos una interpretación objetiva podemos deducir que el que manda es Izcoatl y no Tlacaelel. Izcoatl en su papel de tlatoani y Tlacaelel en el de consejero y participante del congreso.

Como ya mencioné, en las crónicas mexicas Nezahualcóyotl apenas es mencionado. Esto no significa que sea verdad. En el caso de los cronistas mexicas, su objetivo era exaltar a toda costa la memoria de los mexicas. A nosotros sólo nos queda hacer nuestras propias deducciones y decidir a cuál versión le creemos. Yo prefiero pensar que la victoria en esta guerra fue gracias a Izcoatl, Nezahualcóyotl, Tlacaelel y Moctezuma Ilhuicamina. Seguramente hubo otros estrategas que, como ocurre en todas las batallas, permanecen en el anonimato por siempre.

Terminada la guerra y con la bonanza en casa, los mexicas se dieron a la tarea de llevar a cabo grandes reformas político-religiosas, así como la construcción de nuevos templos y la ampliación de los existentes. Se crearon nuevos títulos (administrativos, judiciales, militares y religiosos), se repartieron las tierras conquistadas y se cortó con el pasado: se dice que en el gobierno de Izcoatl —por órdenes de Tlacaelel— se quemaron los libros pintados, pues los mexicas no querían que sus descendientes supieran de sus penurias. Todos los pueblos del Anáhuac tuvieron consciencia histórica (quizá no a tan largo plazo, como seiscientos años), sabían que en el futuro alguien querría saber sobre ellos, así que se encargaron de enaltecer a los suyos, enaltecer a los suyos (la repetición no es accidental) y arrebatar todo tipo de mérito a los demás. ¿Entonces qué debemos creer? Ustedes decidan. De eso se trata este ejercicio, de no creer a ciegas todo lo que nos cuentan y de hacer nuestros propios juicios, siempre razonados y sin el amor fanático hacia un héroe de cartón o la ingenua nostalgia por un edén perdido.

Uno de los cambios más importantes en esta época fue en el sistema judicial en México-Tenochtitlan. Antes de la llegada de los mexicas al Anáhuac, estas tribus estaban divididas en diez clanes, pero todos bajo las órdenes de cuatro señores o dirigentes. Tras la fundación de Tenochtitlan estos clanes se dividieron entre los cuatro calputin «barrios» que se construyeron. Los calpulleque —plural de calpullec que significa «jefe de calpulli»—, fueron los creadores de las primeras leyes en Tenochtitlan. Con el paso de los años estos barrios se dividieron en veinte, pues la ciudad había crecido.

La impartición de justicia (en náhuatl tlamelahuacachicahualiztli) en México-Tenochtitlan estaba a cargo del huey tlatoani «grande hombre que habla», quien era el juez supremo y cuyas sentencias eran inapelables. En su ausencia o representación estaba siempre el cihuacoatl «serpiente hembra», quien además estaba a cargo de las rentas reales y designación de los jueces de otros tribunales.

Asimismo, había cuatro miembros de la nobleza que formaban parte del Consejo supremo, en calidad de consejeros y jueces tecuhtlahtohqueh. Al cihuacoatl le seguían en jerarquía el tlacochcalcatl «señor de la casa de los dardos» y el tlacatecatl «el que forma a los hombres», ambos jefes del ejército; y luego el huitznahuatlailotlac y el tizociahuácatl, quienes fungían como jueces principales.

El tribunal del tlacatecatl, compuesto por tres jueces (el tlacatecatl, como presidente, el cuauhnochtli y el tlailotlac), estaba a cargo de juzgar las causas civiles y criminales en primera instancia. En el tlatzontecoyan «juzgado», ubicado en el palacio del tlatoani, siempre lleno de guardias y ministros, había audiencias todos los días (mañana y tarde). Tras escuchar a los litigantes, los jueces daban sus sentencias de acuerdo a sus leyes; luego el tecpoyotl «pregonero» anunciaba la sentencia, si era inapelable (generalmente las civiles; las criminales podían ser transferidas al Tribunal supremo).

Este mismo tribunal tenía un representante (con juzgado) en cada uno de los calputin, quienes todos los días acudían ante el Consejo supremo para dar un informe completo de actividades.

Habían centectlapixqueh «inspectores» en cada uno de los barrios asegurándose de que se cumplieran las leyes, sin embargo, no tenían la autoridad para juzgar. En su jefatura tenían un grupo de personas.

Debajo de estos tribunales existían aproximadamente treinta y cinco títulos, por mencionar algunos al azar: el teccalcatl o el atlauhcatl, (formados generalmente sobre un topónimo: templos y barrios de la ciudad de Tenochtitlan) y un número desconocido de cargos, como el de los calpixqueh «recaudadores». No se sabe exactamente cuántos pipiltin «miembros de la nobleza» ostentaban estos títulos. Por ejemplo, podía haber doscientos recaudadores de impuestos (a su vez jueces), y cincuenta administradores del comercio. Los tetecuhtin —plural de tecutli que significa «señor», empleado para distinguir a miembros de la nobleza o gobernantes de pueblos— que ostentaban los títulos referidos desempeñaban funciones sacerdotales, militares, judiciales, de jefatura de los barrios y representación del tlatoani y sus dioses como teopixqueh «guardianes de los dioses».

Cada veinte días se realizaba una junta entre el tlatoani y los jueces en la cual se analizaban los casos pendientes. Los que no se solucionaban en esa junta se postergaba para una que se hacía cada ochenta días, en la cual todos los casos recibían sentencia. El tlatoani marcaba la cabeza del sentenciado con la punta de una flecha, de manera simbólica.

LOS JUICIOS

No había abogados o intermediarios. En las causas criminales las únicas pruebas que se admitían eran los testimonios. La palabra bajo juramento del acusado era completamente válida, sin importar la veracidad de sus palabras.

LEYES SOBRE LA PROPIEDAD PRIVADA

Las tierras se dividían en tres categorías: las de
la corona, las del Estado y las comunitarias.
Las estatales estaban destinadas a cubrir
los gastos del gobierno: salarios de jueces,
funcionarios públicos y personal del ejército.
La propiedad privada existía hasta cierto
punto, pues únicamente los pipiltin podían
vender sus tierras sin ninguna restricción ni
cargo de impuestos. Los macehualtin no.
El terreno y sus construcciones eran comunitarios
y hereditarios, de padres a hijos. El cultivo estaba
destinado para el pago de impuestos y gastos públicos.
El gobierno podía reclamar estas tierras si se dejaba de
cultivar por 2 años, quedaban sin herederos o corrían el
riesgo de caer en manos de malhechores o enemigos.

LA PENA DE MUERTE

Eran condenados a muerte quienes
fueran encontrados culpables de:
Traición al tlatoani o al gobierno. El acusado era
descuartizado. Los parientes o conocidos culpados de
alianza o encubrimiento eran enviados a la cárcel.
Organizar revueltas o manifestaciones en el pueblo.
Agredir a un embajador, ministro o pipiltin.
Utilizar de forma inadecuada las insignias o armas reales.
Jueces que sentenciaban de manera
injusta o no conforme a la ley.

HOMICIDIO

Adulterio. Los apedreaban o quebraban la cabeza entre dos lozas. Esta ley era aplicada, en su mayoría, a las mujeres y hombres que cometían adulterio con una mujer casada. Si el hombre cometía adulterio con una mujer soltera o prostituta no era delito. Alterar medidas establecidas en el comercio.

Incesto.

Robo. Si el robo era de poco valor, el acusado tenía que pagar al agraviado.

LEYES SOBRE EL MATRIMONIO

Era permitido el divorcio si el hombre repudiaba a la mujer.

Un hombre podía casarse con la esposa de su hermano si éste moría.

Los hombres, generalmente los pipiltin, podían tener todas las concubinas que quisieran, siempre y cuando las pudieran mantener.

Un hombre no podía matar a su mujer si la descubría en adulterio. La tenía que llevar ante un juez.

LEYES A FAVOR DE LOS NIÑOS

Estaba prohibido vender a los niños extraviados como esclavos. A los que eran encontrados culpables, se les encarcelaba y se les incautaban sus bienes: la

mitad para pagar al comprador la libertad del niño
y la otra mitad para el mantenimiento del niño.
Los tutores a cargo de algún niño huérfano eran
ahorcados si no administraban correctamente
los bienes heredados del infante.

LEYES EN CONTRA DE LOS VICIOS

Los hijos que disipaban la hacienda heredada
de sus padres eran condenados a muerte
por no valorar el trabajo de sus padres.
La embriaguez en los jóvenes era delito capital: el hombre
moría a golpes y la mujer apedreada. Sin embargo, las
bebidas alcohólicas y su consumo no estaban prohibidas.
Estaba permitido emborracharse en las fiestas o en su
casa. Los ancianos tenían permitido embriagarse cuando
quisiesen. Los hombres maduros acusados de embriaguez
(fuera de los contextos mencionados) no recibían la pena
de muerte, pero sí era castigado: los pipiltin eran retirados
de sus empleos y perdían su título de nobleza; los
plebeyos eran trasquilados y sus casas eran derrumbadas.
Al que era descubierto en alguna mentira grave se
le cortaban parte de los labios y a veces las orejas.
Aunque mucho se ha refutado, la prostitución y la
homosexualidad no eran ilegales. Había casas de
citas a las cuales los jóvenes asistían. En otras ellos
acudían a solicitar una mujer pública, la cual era
llevada a su casa en la noche y devuelta al amanecer.

LEYES SOBRE LOS ESCLAVOS

Había tres formas de esclavitud: prisioneros de
guerra, generalmente destinados a los sacrificios
de los dioses; comprados, siempre bajo un solemne
contrato, ante cuatro ancianos que fungían como
testigos y condenados por algún delito.
Los esclavos estaban obligados únicamente al servicio
personal de sus amos; por lo tanto eran libres de
comprar propiedades y de tener sus propios esclavos.
La esclavitud no era hereditaria.
Si un hombre libre embarazaba a una mujer
esclava y ella moría antes del parto él tenía que
tomar su lugar como esclavo. Pero si ella daba
a luz, él quedaba libre al igual que su hijo.
Los padres podían vender a sus hijos para
satisfacer sus necesidades económicas.
Cualquier hombre podía venderse como esclavo.
Los amos no podían vender un esclavo
en contra de su voluntad.
Los esclavos rebeldes, fugitivos o viciosos
eran amonestados con un collar de madera
y eran vendidos en el mercado.

Moctezuma Ilhuicamina

«El que se muestra enojado» o «Flechador del cielo».

QUINTO TLATOANI

Con él comenzó la época de máximo esplendor y al mismo tiempo la de mayor opacidad. Al parecer se cumplió al pie de la letra aquello de quemar los libros pintados. Poco es lo que se sabe de las vidas privadas de Moctezuma Ilhuicamina, Axayacatl, Tizoc y Ahuizotl.

Moctezuma Ilhuicamina era hijo de Huitzilihuitl y Miahua-xíhuatl, princesa de Cuauhnahuac. Nació aproximadamente en 1390. Gobernó entre 1440 y 1469. Fue el tlatoani que más tiempo estuvo al frente de esta ciudad: veintinueve años. Y no sólo eso, llegó con mucha experiencia. Tenía cuarenta años al inicio de su gestión y todo el bagaje de los mexicas vasallos de Azcapotzalco, la guerra contra Texcoco, la muerte de Ixtlilxochitl, la guerra contra Maxtla, la creación de la Triple Alianza, las reformas político-religiosas, las guerras comandadas por él bajo el nombramiento de Tlacochcalcatl y todo el crecimiento de México-Tenochtitlan durante el gobierno de Izcoatl.

Entre las acciones más importantes en su gobierno se encuentran la creación de un telpuchcalli en cada uno de los barrios para incrementar el número de soldados, el establecimiento de uniformes en el ejército, nuevas jerarquías, reformas a los métodos de batalla, así como la ampliación del Templo Mayor, para el cual exigió a todos los pueblos vasallos que le proporcionaran material y mano de obra. Chalco fue el único que se negó y por lo tanto sufrió las consecuencias en una guerra, que desmanteló la alianza entre esta ciudad y Amaquemecan y liberó el acceso al valle de Puebla.

Asimismo, emprendió una guerra contra Ichcateopan y Chilapan, quienes se negaron a pagar el tributo destinado a la construcción del templo de Huitzilopochtli. Se argumenta que los señores principales de estos pueblos mandaron matar a los cobradores de impuestos de Tenochtitlan.

> A partir de este gobierno, los soldados que ostentaban grados de mando superiores recibían el privilegio de usar sandalias, bezotes, orejeras y narigueras de oro.

Vale la pena hacer un breve paréntesis y agregar que de aquí hasta la llegada de los españoles, los mexicas aprovecharon cualquier excusa para atacar pueblos, con el argumento de que fueron ofendidos o atacados sin razón, dando pie a la injusticia, corrupción e impunidad. Por ejemplo, un mexica podía entrar a algún pueblo, robar a una mujer o algo de valor y, si era descubierto, los habitantes lo mataban o lo encarcelaban. En cuanto el gobierno mexica se enteraba de dicha situación enviaba una embajada para declarar la guerra al pueblo "ofensor" y luego procedía a invadir, saquear y, en ocasiones, destruir el pueblo entero. El principal objetivo de estas acciones era intimidar a todos los pueblos vecinos, lo cual funcionó por casi ochenta años, hasta la llegada de los españoles, que les hicieron ver que no existían los imperios indestructibles.

Mientras ese tiempo llegaba, Moctezuma Ilhuicamina se dio a la tarea de conquistar pueblos en lo que hoy son los estados de México, Guerrero, Morelos, Veracruz, Oaxaca,

Chiapas, Puebla, Tlaxcala e Hidalgo, pues aunque tenían por objetivo atacar un lugar en específico, aprovechaban el recorrido —que en ocasiones duraba hasta dos meses— para conquistar las poblaciones a su paso, con lo cual obtenían alimento, cargadores, armamento, mujeres y riquezas.

Los mexicas emprendieron guerras contra alrededor de ochenta pueblos. Cabe aclarar que no todos fueron conquistados ni todos fueron por medio de guerras. La mayoría eran, como ya mencioné, vía la intimidación o a través de embajadores, quienes les preguntaban a los señores de los pueblos intimidados si querían enviar conchas para los dioses mexicas, lo cual era una forma muy sutil de exigir vasallaje, y por lo tanto, tributo. Nadie, en su sano juicio, quería que de la noche a la mañana llegara alguien a su puerta y le exigiera un nuevo impuesto. Muchos de los señores principales se molestaban y mataban a los embajadores mexicas o los enviaban de regreso a Tenochtitlan con las manos vacías, lo cual provocaba la ira del tlatoani. Las consecuencias ya las conocen.

LA DECLARACIÓN DE GUERRA

Entre los pueblos aztecas había un código de honor inquebrantable: la declaración de guerra. Nadie podía enviar sus tropas y atacar sin antes enviar una embajada, la cual llevaba consigo alimentos, armamento, cargadores y mujeres. Entonces el embajador le declaraba la guerra al enemigo con estas palabras: "Yo, fulanito de tal, te declaro la guerra en nombre de menganito que te envía este alimento, armamento, cargadores y mujeres, para que cuando pierdas la guerra no digas que se debió a que tu gente estaba hambrienta, desarmada, cansada o que no tenía quién les cocinara".

Se dice que en el gobierno de Moctezuma Ilhuicamina, en la guerra contra Chalco, se introdujo el arco y la flecha. Sin embargo, hay crónicas que las que se menciona el uso de estas armas en la guerra contra Tezozomoc.

Sin embargo, no todo fue tan sencillo para Moctezuma Ilhuicamina: en 1445 llegó una plaga de langostas que devoró campos y cosechas y provocó el hambre. En 1450 hubo una inundación que provocó la destrucción de gran parte de la ciudad. A finales de ese mismo año, cayó una helada —algunos autores aseguran que nevó— con la cual mucha gente murió. Los tres años siguientes hubo sequías y por consecuencia hambruna y crisis. Los mexicas le adjudicaron estas catástrofes de la naturaleza a un castigo de los dioses. Muchas familias salieron de la ciudad, otras vendieron a sus hijos como esclavos a otros pueblos en las costas de Veracruz —donde las cosechas eran abundantes—, para salvarlos de morir de hambre. Desafortunadamente, todos esos niños y adolescentes eran sacrificados a los dioses, para que el castigo de las sequías no llegara a ellos. Moctezuma Ilhuicamina —como todos los tlatoque— tenía una reserva de alimento enorme, lo cual era algo así como las reservas del banco de México. Era una de las tantas formas de medir las riquezas del imperio. Para no perder su reino, el tlatoani tuvo que repartir este alimento entre el pueblo. Luego, para recuperar aquellas pérdidas comenzó las campañas de conquista, aunque se justificó con la necesidad de dar a los dioses la sangre que pedían.

Pronto descubrieron que realizar campañas para conseguir cautivos no era la mejor opción. En muchas ocasiones los pueblos que invadidos se encontraban demasiado lejos, y llevar a regreso a los presos era muy costoso, pues debían alimentarlos, de lo contrario llegaban enclenques. Para poder alimentar al Sol, era necesario que los cautivos fueran apresados en pueblos cercanos. Fue así que Moctezuma Ilhuicamina y Tlacaelel crearon las Guerras Floridas, del náhuatl xochiyaoyotl, que se volvieron en una especie de torneos —cada veinte días— contra Tlaxcala, Huexotzinco, Cholula y otras nueve ciudades. Las reglas eran simples: no se luchaba para conquistar tierras del enemigo ni despojar sus ciudades ni violar a sus mujeres. No iban a matarse entre sí, sino a conseguir el mayor número de cautivos, los cuales, tras ser llevados a la ciudad enemiga, serían sacrificados para los dioses. Los soldados que destacaban en estos encuentros recibían premios, como joyas, privilegios, nombramientos y hasta mujeres.

Esto demuestra que la religión y la creencia de alimentar al cielo y a la tierra era general y que estaba por sobre todas las cosas, incluyendo cualquier rivalidad entre gobernantes. De otra manera no se explica cómo pueblos enemigos se ponían de acuerdo en llevar a cabo guerras con formato de torneo. Cabe aclarar que los únicos que perdían la vida en estas guerras eran los maceguales «plebeyos». Los pipiltin «nobles» ni siquiera participaban en estas batallas, lo cual demuestra, una vez más, cuán injustas eran las leyes en el Anáhuac.

CANIBALISMO ENTRE LOS AZTECAS

Mucho se ha discutido sobre el tema del canibalismo entre los aztecas. Hay quienes argumentan que es un invento de los españoles y otros que afirman que sí era una práctica frecuente. La carne humana no era parte de la dieta de los mexicas, pero sí una especie de manjar consumido en rituales especiales. Se dice que fue inventado tras la creación de las Guerras Floridas.

Pronto abundantes riquezas (oro, piedras preciosas, jade, cristales, plumas, mantas, algodón, artesanías, aves exóticas, fieras salvajes, crustáceos, peces de mar, semillas, flores, frutos y plantas de diversas especies) comenzaron a llegar a Tenochtitlan por medio del tributo que pagaban los pueblos conquistados.

Así pues, el pueblo Mexica se acercaba cada vez más y más a su máximo esplendor y, para ello, el tlatoani se estaba preparando. Moctezuma Ilhuicamina sabía que el fin de su gobierno estaba cercano y antes de morir decidió llevar a cabo la elaboración de esculturas que representaran su imagen y la de los tlatoque anteriores.

Como parte de su legado quería dejar a sus descendientes la ubicación de la mítica ciudad de Aztlan, lugar que ni siquiera ellos tenían la certeza de que en algún momento hubiera existido. De cualquier manera, Moctezuma Ilhuicamina envió una expedición a las llanuras del norte para que encontraran la tierra que les había dado vida. Al regresar aquellos embusteros le aseguraron al tlatoani que habían encontrado la ciudad de Aztlan y que habían sido bien recibidos, nada más y nada menos, que por la madre de Huitzilopochtli: Coatlicue, quien seguía viva. Y como en la política, lo que importa no es comprobar que las versiones sean verdad, sino embrutecer al pueblo con mentiras. Moctezuma Ilhuicamina hizo público aquel suceso como una verdad absoluta.

Axayacatl

«El de la máscara de agua»

SEXTO TLATOANI

Algunos autores aseguran que Axayacatl era nieto de Moctezuma Ilhuicamina, cuya hija, Atotoztli, se casó con Tezozomoc, hijo de Izcoatl. Por lo tanto era nieto de Moctezuma Ilhuicamina e Izcoatl, ambos padres de Axayacatl, Tizoc y Ahuizotl. Nació aproximadamente en 1450. Gobernó entre 1469 y 1481.

A diferencia de sus antecesores, Izcoatl y Moctezuma Ilhuicamina —que se ganaron el puesto con su esfuerzo en las guerras y su experiencia en el gobierno—, la elección del inexperto joven Axayacatl, de diecinueve años, estuvo manchada por la corrupción: la influencia de su madre.

Esto nos demuestra que pesar de toda la misoginia y discriminación que dominaba en el Anáhuac, las mujeres del poder, como es el caso de la madre de Axayacatl, eran capaces de dominar una elección. Al mismo tiempo se desmorona el mito de un Tlacaelel autoritario que quitaba y ponía gobernantes a placer, a menos que Tlacaelel haya estado en conspiración con ella, lo cual me parece inverosímil y hasta cierto punto absurdo. Si se supone que él era el poder detrás del poder, no tendría ninguna razón para esconder sus decisiones detrás de una mujer.

A pesar de la opacidad en esta elección, Axayacatl demostró rápidamente sus virtudes en la guerra contra Tehuantepec, derrotándolos con estrategias militares que llevaron al enemigo a una celada. De ahí en adelante, sus acciones militares no pararon hasta el final de su gobierno. Emprendió campañas en contra de pueblos ubicados en lo que hoy son el Estado de México, Michoacán, Guerrero, Morelos, Tlaxcala, Puebla, Veracruz, e Hidalgo.

Su conquista más famosa fue la de la ciudad hermana de Tenochtitlan: Tlatelolco. Se dice que la excusa fueron los conflictos maritales entre su hermana y el señor de Tlatelolco, Moquihuixtli. Como ya se sabe, eran pueblos misóginos, por lo tanto la excusa resulta inverosímil. Es evidente que el motivo verdadero era derrocar a la ciudad que más peligro representaba, la que estaba a su lado y que no requería de canoas ni de largos recorridos para llegar a ellos. Además los mexicas guardaban rencor hacia los tlatelolcas por haberse separado de ellos cuando fundaron su ciudad. Para conmemorar aquella victoria, Axayacatl mandó esculpir un recipiente de piedra —decorado con once escenas que representaban a los tlatoque sometiendo a líderes de pueblos conquistados— para colocar los corazones de los sacrificados, conocido como el cuauhxicalli.

Asimismo, el peor fracaso bélico de Axayacatl fue la guerra contra los tarascos y purépechas en Michoacán. El objetivo principal de esta guerra era obtener el mayor número de cautivos para sacrificarlos en la inauguración del Templo Mayor, la colocación de la Piedra del Sol y el monolito de Coyolxauhqui. Marchó con un ejército de veinticinco mil hombres. Para su mala fortuna, los enemigos los estaban esperando con cuarenta mil soldados.

ETAPA CONSTRUCTIVA IV-B DEL TEMPLO MAYOR
En 1478 se terminó la ampliación del Templo
Mayor y la construcción de La Piedra del
Sol y el monolito de Coyolxauhqui.

Diego Durán escribió: "Los mexicas acometieron a los tarascos, y fue tan sin provecho la remetida, que como moscas que caen en el agua, así cayeron y todos en manos de los tarascos. Y fue tanta la mortandad que en ellos hicieron, que los mexicas tuvieron por bien retirar a la gente que quedaba porque no fuese consumida y acabada".

En el gobierno de Axayacatl terminó la era de los creadores del imperio, pues durante su reinado murieron Nezahualcóyotl (1472), Tlacaelel y Totoquihuatzin (ambos entre 1478 y 1480).

Tras el deceso de Nezahualcóyotl, su hijo Nezahualpilli asumió el cargo. En Texcoco el gobierno era hereditario al hijo primogénito y legítimo. En este caso, Tetzauhpintzintli, uno de los dos hijos legítimos del rey de Texcoco ya había fallecido (Nezahualcóyotl lo había condenado a muerte tras juzgarlo y encontrarlo culpable de rebeldía). Nezahualpilli tenía siete años cuando fue jurado rey de Acolhuacan. Nació en 1465, cuando Nezahualcóyotl tenía sesenta y tres años de vida y su esposa alrededor de cuarenta. Los hijos ilegítimos —y mucho mayores— de Nezahualcóyotl estuvieron en desacuerdo con este nombramiento. Exigían que la sucesión se llevara a cabo de la misma forma que se hacía en Tenochtitlan, y sin discriminar a los hijos bastardos. Axayacatl intervino para evitar que el desacuerdo llegara a mayores, y al mismo tiempo para impedir que dicha propuesta se cumpliera, pues representaba un gran peligro para la ciudad isla. Con la muerte de Tlacaelel, Nezahualcóyotl y Totoquihuatzin, la Triple Alianza estaba literalmente diluida y todo el poder recaía en manos del tlatoani. Era mucho más benéfico (y más fácil de controlar) para él tener a un niño en el gobierno de Texcoco que a alguno de los hijos de Nezahualcóyotl, adultos, experimentados en la guerra y la política, celosos y ambiciosos.

Tizoc

«El que hace sacrificio»

Séptimo tlatoani

Nieto de Moctezuma Ilhuicamina, cuya hija Atotoztli se casó con Tezozomoc, hijo de Izcoatl. Ambos padres de Axayacatl, Tizoc y Ahuizotl. Nació aproximadamente en 1436. Gobernó entre 1481 y 1486.

Como ya era costumbre, tras ser electo, el tlatoani debía emprender una campaña para conseguir los cautivos que serían sacrificados en la ceremonia de su coronación. A pesar de que los miembros de la nobleza le habían sugerido al recién electo tlatoani que fuera contra Michhuacan, y Cuetlachtlan, Tizoc decidió ir en contra de dos pequeños poblados llamados Metztitlan e Itzmiquilpan. Cabe aclarar que Tizoc había fungido como tlacochcalcatl en el gobierno de su hermano Axayacatl; aun así, regresaron a México-Tenochtitlan con cuarenta prisioneros mientras que perdieron trescientos hombres. Sólo lograron conquistar Itzmiquilpan.

Se dice que Tizoc no estaba muy de acuerdo con las Guerras Floridas ni la invasión de pueblos por razones, en su mayoría, injustificadas. Hoy en día los gobiernos pacifistas son bien vistos alrededor de todo el mundo. Desafortunadamente, en el Anáhuac, las decisiones tomadas por el tlatoani no fueron bien vistas ni por su gente ni por los pueblos vasallos. Los primeros argumentaban que si Tenochtitlan no demostraba su poder y autoridad ante los enemigos y vasallos, muy pronto perdería lo obtenido en los últimos tres gobiernos. Y no se equivocaron, en cuanto los pueblos vasallos comprendieron la postura pacifista del tlatoani decidieron rebelarse.

En sus cinco años de gobierno, Tizoc enfocó su atención en en sofocar las rebeliones, en la construcción de la Casa de las Águilas, la ampliación del Templo Mayor.

La historia no es muy clara con respecto a la vida de este tlatoani. Como ya se mencionó, los mexicas se encargaron de plasmar en sus libros pintados únicamente aquello de lo que se sentían orgullosos. Evidentemente Tizoc hizo más cosas en su gobierno, pero no hay forma de saberlo. Se dice que fueron los mexicas quienes lo envenenaron.

Diego Durán escribió: "Viéndolo los de su corte tan para poco, ni deseoso de engrandecer y ensanchar la gloria mexica, creen que le ayudaron con algún bocado, de lo cual murió muy mozo y de poca edad".

Hay quienes culpan a Tlacaelel, pero varias crónicas aseguran que dicho personaje murió antes de que Tizoc fuera electo. Hay otras versiones que afirman que murió poco después de que Tizoc fue coronado. Pero ninguna de las crónicas afirma que Tlacaelel haya muerto después de fallecido Tizoc, o por lo menos yo no he encontrado alguna que lo sugiera. Hay otras versiones que aseguran que fue Ahuizotl quien lo mandó matar.

Ahuizotl

«El espinoso del agua»

OCTAVO TLATOANI

Era hermano de Axayacatl y Tizoc, y nieto de Moctezuma Ilhuicamina e Izcoatl. No se sabe cuándo nació, aunque algunos cronistas afirman que era muy joven cuando fue electo (probablemente entre veinte y treinta años). Gobernó entre 1486 y 1502.

Al igual que Axayacatl, Ahuizotl es reverenciado por muchos lectores entusiastas por la fama que rodea su memoria como uno de los tlatoque que más conquistas obtuvieron. Es curioso, sin embargo, que lo que se sabe de ellos es muy poco. Difícilmente se puede elaborar una breve síntesis de sus vidas. Imposible conocer su forma de ser. Lo poco que hay en las crónicas trata únicamente sobre los pueblos que invadió —con razones generalmente absurdas y a veces pueriles— y la forma en que castigaron a los pueblos rebeldes.

Quizá el mayor de sus fracasos fue el no haber sido reconocido como tlatoani por los señores de Metztitlan y Cholollan, que se negaron a asistir a su jura, no se sabe por qué. Pero esto significa que no entró con el pie derecho. Probablemente por la pasividad de Tizoc esos otros dos gobernantes creyeron que el nuevo tlatoani sería igual.

Con él se recuperó el imperio de la debacle a la que su antecesor lo había llevado. Asimismo, inició la última etapa de ampliación del Templo Mayor, y la creación de otros. Se dice que en la inauguración del Templo Mayor fueron sacrificados

80400 prisioneros en tres días, lo cual es exageradísimo. Eso implicaría sacrificar 26800 por día, 1116 por hora, 18.6 por minuto. Eso suponiendo que el sacrificador enterraba el cuchillo de obsidiana por el abdomen, metía la mano hasta llegar al corazón, lo jalaba y con la otra cortaba la vena cava superior, la vena cava inferior, las arterias pulmonares, la arteria pulmonar y la arteria aorta, que por cierto son gruesas y difíciles de segmentar. Cabe aclarar que la forma en que supuestamente se llevaban a cabo los sacrificios humanos es casi imposible de conseguirse con un cuchillo de obsidiana. Para poder abrir el pecho de una persona de forma directa, se tiene que romper el esternón o las costillas. Para romper el esternón se requiere de una sierra eléctrica y para abrir las costillas por lo menos unas palancas o barrotes. La manera más sencilla es por el abdomen, como lo mencioné arriba.

El señor de Teloloapan se negó a asistir a la inauguración del Templo Mayor, entonces el tlatoani le declaró la guerra. Al llegar las tropas a Teloloapan, los miembros de la nobleza de aquel poblado argumentaron que habían hecho caso a los señores de Oztoman y Alahuiztlan. Con argumentos como estos, Ahuizotl emprendió guerras contra pueblos ubicados en lo que hoy son los estados de Hidalgo, México, Puebla, Michoacán, Guerrero, Oaxaca, Chiapas, Veracruz y Tlaxcala.

En 1487 hubo un terremoto que destruyó varios edificios, no sólo en México-Tenochtitlan, sino en varias ciudades alrededor. Entre los muertos estaba el señor de Tlacopan, llamado Chimalpopoca. Le sucedió Totoquihuatzin, quien estaría junto a Moctezuma Xocoyotzin a la llegada de Hernán Cortés.

Años después hubo una sequía en la ciudad, por lo tanto a Ahuizotl se le ocurrió construir un acueducto que fuera de Coyoacán a México-Tenochtitlan. El señor de aquella ciudad se negó y Ahuizotl le declaró la guerra. Finalmente se construyó el acueducto sin la necesidad de un encuentro bélico. Al año siguiente llovió tanto que la ciudad se inundó, no sólo por el agua acumulada en la isla sino porque el acueducto estaba llevando todo el líquido de Coyoacán. En medio de la inundación Ahuizotl, quien se encontraba en su palacio, fue arrastrado por las fuertes corrientes, con lo cual se golpeó la cabeza. Dos años después murió, se dice que por causa de aquel accidente.

Moctezuma Xocoyotzin

«El que se muestra enojado» o «El joven»

NOVENO TLATOANI

A diferencia de los cinco tlatoque anteriores, la información que se tiene sobre Moctezuma (Moctezuma) Xocoyotzin es abundante. Incluso más que de cualquiera de sus antecesores o sucesores.

Moctezuma Xocoyotzin es el tlatoani más despreciado de la historia. Tengo más de una década estudiando la historia de los aztecas, leyendo, analizando con lupa y no me queda duda de que el lugar que se le ha otorgado a Moctezuma Xocoyotzin en la historia es injusto. Para muchos es un tlatoani cobarde y mediocre. Nada más lejos de la realidad.

Como escribí en mi novela *Moctezuma Xocoyotzin, entre la espada y la cruz*, la historia del México antiguo se escribió desde distintas trincheras. Mucha tinta se ha derramado en este camino y, como consecuencia, se han creado muchos mitos; entre ellos la creencia de que los mexicas veían a los españoles como dioses —en particular a Hernán Cortés como Quetzalcoatl—, y la supuesta cobardía de Moctezuma Xocoyotzin, quien ha sido injustamente menospreciado —y en ocasiones ninguneado— por historiadores y novelistas. Un gobernante se convierte en tirano cuando se le ve desde la oposición, generoso cuando se está de su lado, héroe cuando gana la guerra, cobarde cuando la pierde y traidor cuando cede al diálogo con el enemigo.

Para que un mito se infle basta con repetirlo una y otra

vez; para desinflarlo, se necesita leer con lupa todos los documentos que existen sobre el tema. Moctezuma Xocoyotzin, quien —además de ser un poeta versado, sacerdote ferviente, guerrero temerario, político astuto y hombre analítico— estuvo al frente del suceso más importante de la historia del continente americano, y consciente del alto riesgo que conllevaba una batalla contra un ejército invencible, por la calidad de sus armas y el avasallador número de las tropas aliadas, decidió —para librar a su pueblo de una masacre— adoptar como estrategia una lucha de inteligencias contra, quizá el único adversario a su altura, Hernán Cortés.

Para poder entender a Moctezuma necesita ignorarse lo que él ignoraba. Aclaro: no fue ninguna víctima. Cortés y Moctezuma, dos adversarios que se encontraron sin jamás esperarlo, vivieron lo que les tocaba e hicieron lo que pudieron para ganar cada uno su propia batalla.

Moctezuma Xocoyotzin fue hijo de Axayacatl y la hija del señor de Iztapalapan, también llamado Cuitlahuac. Nació aproximadamente en 1467. Gobernó de 1502 al 29 de junio de 1520. Antes de ser electo tlatoani fue tlacochcalcatl y sacerdote del Templo Mayor.

Se dice que su hermano Tlacahuepan tenía más posibilidades para ser electo, pero en el último momento las cosas cambiaron. Ese día Moctezuma se hallaba barriendo el Templo Mayor (era parte de las labores de los sacerdotes) cuando llegaron todos los miembros de la nobleza, se arrodillaron ante él y le pidieron que aceptara ser el nuevo tlatoani.

Tras asumir el cargo, Moctezuma llevó a cabo una acción inesperada para todos los miembros de la nobleza, la población y el resto de los habitantes del Anáhuac: ordenó que se llevaran ante él a todos los jóvenes de la nobleza, seleccionó a los que más le convencieron y personalmente los preparó para el gobierno. Luego quitó a todos los funcionarios del mandato anterior y los mandó sacrificar. El argumento era que no quería que nadie cuestionara sus designios o lo comparara con el tlatoani anterior. Esto que acabo de redactar proviene de la *Crónica X*, la cual se encarga de hablar mal de Moctezuma Xocoyotzin. Hernando de Alvarado Tezozomoc es menos hostil y dice que el tlatoani decidió jubilar a todos los funcionaros del gobierno anterior porque se lo merecían debido tantos años de trabajo y no menciona que los hayan matado. Yo no lo descartaría tomando en cuenta que a lo largo de su gobierno Moctezuma fue soberbio e intolerante.

Otra de las acciones que llevó a cabo al asumir el cargo fue evitar a toda costa que los plebeyos asumieran cualquier cargo del gobierno, pues según él, un macegual no tenía el arte de hablar con propiedad ante un rey. Incluso los empleados de la limpieza y servicio personal del tlatoani tenían que ser miembros de la nobleza. De igual forma prohibió que la gente lo viera. Por donde él transitaba, sin importar el número de personas, tenían que arrodillarse y poner la frente en el piso, y quien desobedecía era condenado a muerte.

Moctezuma Xocoyotzin no quería competencia, y por lo tanto envió al cihuacoatl Tlilpotonqui —hijo y sucesor de Tlacaelel— y a dos de sus hermanos, Macuilmalinali y Tlacahuepan, a una guerra con un número de soldados mucho menor al de los enemigos. Se dice que los tres murieron. A Tlilpotonqui le sucedió su hijo Tzoacpopocatzin. Ahora bien, hay que aclarar que a Moctezuma Xocoyotzin la historia le hace lo mismo que a Tezozomoc.

Los cronistas mexicas que escribieron la historia de la Conquista fueron hijos de los sobrevivientes y muchas veces mestizos. Había en ellos una carga muy severa: un resentimiento heredado por sus padres, la nueva estructura política y religiosa, el temor a la Inquisición y el interés político y económico. Ya había mencionado que algunos de los descendientes de la nobleza mexica y texcocana reclamaron los derechos de tierras e incluso gobiernos a la corona españoles, años después de la Conquista. Una forma de obtener esos privilegios era por medio de sus crónicas. Es decir: "Yo, nieto de tal rey, merezco por linaje aquellos terrenos o sus rentas".

Mucho de lo que se ha escrito en contra de Moctezuma Xocoyotzin carece de fundamentos, empezando por su supuesta cobardía y mediocridad. O la absurda idea de que él creyera que Cortés era Quetzalcoatl. No cabe duda de que era muy religioso, pero no idiota.

Moctezuma Xocoyotzin sabía de la llegada de los españoles desde 1512. Siete años antes de que Hernán Cortés llegara a México-Tenochtitlan. La pregunta que muchos de ustedes se estarán haciendo es: ¿cómo?

En septiembre de 1510, Vasco Núñez de Balboa fundó Santa María de la Antigua del Darién, de la cual se autoproclamó alcalde. Le dio el cargo de regidor a su capitán, Juan de Valdivia, y en agosto de 1511 lo envió a la isla Fernandina (Santo Domingo) para que notificara al almirante y a los jueces y solicitaran mil hombres al rey. Entre la tripulación se encontraban Gonzalo Guerrero (marinero nacido en Palos de la Frontera, Huelva, España) y Gerónimo de Aguilar (fraile nacido en Écija, Sevilla). La carabela, Santa María de Barca, dirigida por un español de nombre Valdivia, encalló en los bajos de las Víboras, frente a la isla de Jamaica. Decidieron seguir su camino en un batel, al que únicamente pudieron abordar dieciocho personas y abandonaron a los demás a su suerte, en su mayoría, esclavos. Luego de varios días de naufragio y de haber comido carne humana, ocho de ellos llegaron a las costas de Yucatán (hoy en día Quintana Roo). Fueron apresados por una tribu de cocomes que planeaban sacrificarlos a los dioses, pero los náufragos lograron escapar. Días más tarde llegaron con otra tribu, los tutul xiues, enemigos de los cocomes. Fueron llevados ante el halach uinik (en la cultura maya el halach uinik «verdadero hombre» es el equivalente al tlatoani «el que habla» de los aztecas) llamado Taxmar, quien después de mantenerlos como esclavos algunos años, aprovechó los conocimientos de Gonzalo Guerrero. Pronto aquel soldado de Palos de la Frontera se convirtió en consejero de guerra, estratega y jefe de las tropas, logrando la victoria sobre los cocomes. Aguilar, por su parte, obedecía y seguía a Guerrero con la única intención de aprovechar los privilegios que recibía su compañero.

> Los pochtecas (comerciantes) también fungían como espías y buscadores de tierras para que los mexicas las conquistaran.

De esto se enteró Moctezuma por medio de mensajeros y pochtecas «comerciantes», que llevaban mercancías desde el Anáhuac hasta las costas de Yucatán. Asimismo, estuvo al tanto de la llegada de los navíos de Juan de Grijalva, Francisco Hernández de Córdoba y Hernán Cortés.

También se asegura que hubo diez presagios funestos que pronosticaron el fin del Imperio Mexica. Entre la historia y las leyendas hay un inmenso abismo y por ningún motivo deben mezclarse, hacerlo sería igual a decir que un enfermo de cáncer se curó gracias a dios y no a las quimioterapias, a las investigaciones médicas y a la trayectoria académica del especialista. Podríamos tomar como ejemplo un contraste entre una ley y una teoría. La primera es irrefutable y siempre tiene los mismos resultados, como las matemáticas y la química; la segunda, como en el caso de la psicología, se adapta a cada individuo y los resultados son variables. En el caso de la historia y las leyendas, la historia, aunque tiene una base, no siempre es comprobable ya que depende mucho de las interpretaciones (del historiador y del lector); las leyendas son cien por ciento subjetivas, invenciones del pueblo o de una persona, y no tienen fundamentos. Por ejemplo, podemos tomar como base histórica el asesinato de Kennedy, pero se ignora quién lo mató, aunque sobran las leyendas. O peor aún, que hoy alguien asegurare que una noche antes de la muerte de Kennedy se le apareció Jesucristo y le anunció aquella tragedia. Un augurio sobre algo que ya pasó carece de credibilidad. Todas estas crónicas fueron escritas después de la Conquista y en su mayoría tienen el sello español o católico para justificarla. Y las que tienen el sello azteca lo hacen para justificar su derrota o deshonrar la memoria de algún pueblo o gobernante, como es el caso de Ixtlilxochitl, quien enaltece a los texcocanos y culpa a los mexicas.

Los mitos han opacado al verdadero Moctezuma Xocoyotzin. Se cuenta que era ambicioso y orgulloso. Michel Graulich dice que nada indica que lo fuera, excepto su preocupación por garantizar la grandeza y la cohesión del imperio. Yo opino que no existe un gobernante en el mundo que en algún momento se deje llevar por el orgullo o la ambición. Quizá me equivoco, pero de eso se trata este ejercicio, de poner la historia en duda, de buscar nuevas respuestas, de analizar lo que leemos.

Sabemos la rutina diaria de Moctezuma gracias a los españoles, quienes dejaron un registro de las actividades del tlatoani mientras estaba preso en el palacio de Axayacatl, lo cual no implica que así haya sido siempre. En las mañanas se bañaba, ayudado por algunos miembros de la nobleza, quienes le llevaban cubetas de agua y las vertían sobre su cabeza. Se lavaba los dientes con los dedos. Le entregaban prendas envueltas en telas y él se vestía. Inmediatamente después llevaba a cabo rituales religiosos personales, luego desayunaba y, al terminar, en compañía de veinte consejeros y jefes de guerra, se dirigía a los tribunales, ubicados en el palacio, donde ejercía como juez supremo, y resolvía todos los casos que no habían sido solucionados en tribunales menores. Después se dirigía a la sala principal donde atendía los asuntos de gobierno. Todos los funcionarios hacían fila para exponer los casos de importancia. En la tarde comía, dormía un rato, se bañaba y volvía a la sala principal a seguir atendiendo los asuntos de estado. En sus ratos de ocio le gustaba ver juegos de pelota, jugar totoloque (parecido a los dados), ir de cacería (era muy bueno con el arco y la flecha), nadar, escuchar música, cantar, crear poesía y cantos, y ejercitarse en las armas.

Los atuendos que Moctezuma utilizaba eran los más finos que había en el Anáhuac. Se dice que se cambiaba de ropa cuatros veces al día y que únicamente la usaba una vez, al igual que los cubiertos con los que comía; luego los regalaba.

Los rituales a la hora de la comida eran ostentosos. Se dice que le preparaban hasta trescientos platillos diferentes traídos cada uno en cacerolas por mujeres que le explicaban al tlatoani, y de ahí él elegía lo que se le antojaba. Le servían diversos tipos de aves, venado, conejos en chile, asados, cocidos, en caldo o en guisados; tortillas hechas con maíz rojo, negro, amarillo, blanco, grande, chico; muchos tipos de atoles, chocolate y frutas. La comida que sobraba era entregada a los funcionarios del gobierno. Moctezuma comía uno o dos platillos y luego algo de fruta. Al terminar entraban unas mujeres con cacerolas llenas de agua para que el tlatoani se lavara las manos. Otras le entregaban unos canutos dorados llenos de liquidámbar y tabaco. Fumaba mientras algunos bufones, enanos o músicos lo entretenían. También se dice que los músicos tocaban mientras el tlatoani comía. Luego tomaba una siesta.

En el palacio de Moctezuma había movimiento todos los días. Desde ahí se despachaban los asuntos del gobierno. Había entre seiscientos y mil funcionarios trabajando en el palacio, de tres mil mujeres: concubinas, hijas, nobles y esclavas.

Los españoles, en particular Hernán Cortés, afirmaban que Las casas nuevas, como se le conocía al palacio de Moctezuma, eran majestuosas, con balcones, jardines y mármoles. En palabras de Cortés: "Por tanto sólo diré que en España no hay nada semejante". Vaya que Cortés exageró en muchas otras cosas, pero con respecto al palacio de Moctezuma rebasó todos los límites. No hay punto de comparación entre los palacios europeos y los palacios de los aztecas. Las casas nuevas eran grandes, sí, muy grandes, pero cuadradas, con azoteas, sin ventanas, sin puertas (usaban cortinas de algodón o de plumas), sin chimeneas, sin muebles, sin nada de eso que se puede ver en un palacio europeo. No pretendo hacer menos las construcciones mesoamericanas, pero la arqueología lo ha demostrado; por lo tanto lo que dijo Hernán Cortés fue una gran mentira para engañar al rey Carlos V, porque esa era parte de su labor: convencerlo de que las tierras conquistadas merecían su atención y su visto bueno. Además, Cortés mismo se contradijo al narrar su primer encuentro con Moctezuma. Contaba que el tlatoani le dijo: "Las casas ya las veis que son de piedra y cal y tierra".

La cama de Moctezuma estaba hecha de varias capaz de mantas de algodón, plumas y, hasta arriba, un cobertor hecho de piel de conejo. En general la gente dormía en petates sobre el piso, pero en el palacio de Moctezuma había muchas camas como ésta para los huéspedes y las esposas del tlatoani, que a decir de algunas crónicas, eran miles.

Fernández de Oviedo es uno de los que asegura que Moctezuma tenía alrededor de cuatro mil concubinas. La cifra es exagerada. Habría necesitado once años, sin descansar un solo día, para poder acostarse con cada una de ellas. No cabe duda de que tenía un harem. Las mujeres eran botín de guerra, intercambios mercantiles, regalos entre amigos, alianzas políticas... bastante misógino, pero así eran sus costumbres. Aunque los españoles escribieron que Moctezuma trataba bien a sus esposas, resulta difícil interpretar eso. ¿Para Hernán Cortés qué era tratar bien a una mujer? Las esposas de Moctezuma Xocoyotzin no podían ver a otros hombres ni por accidente. Dedicaban su vida entera a sus hijos y al servicio del tlatoani: cocinar, hilar, entre otras tareas domésticas.

La vida de las mujeres en el Anáhuac era así. Traten de imaginar un escenario: se encuentran frente al Templo Mayor, hay miles de hombres y mujeres. El setenta por ciento embarazadas o con hijos en brazos. No había control de la natalidad y el aborto provocado era castigado con la muerte. Pasaban gran parte de sus vidas embarazadas, ya que la esperanza de vida era mucho menor a la de ahora, aunque no se sabe a ciencia cierta cuánto. Lo que sí se conoce es que había un índice muy alto de muertes en el parto y de abortos accidentales.

Se dice que tras la llegada de Francisco Hernández a las

costas de Yucatán, Moctezuma Xocoyotzin mandó llamar a los agoreros para que le pronosticaran el futuro de México-Tenochtitlan, y que cuando no le gustaba lo que escuchaba de ellos, los mandaba encerrar en una jaula. También se asegura que Nezahualpilli, hijo de Nezahualcóyotl, había augurado el fin del imperio.

En este tema volvemos a las mentiras y exageraciones de Fernando de Alva Ixtlilxochitl. Así como en casi todo lo que él escribió, los malos eran los otros y los buenos los de Texcoco, de esa misma manera colocó a Nezahualcóyotl en un pedestal y lo intentó con Nezahualpilli, aunque no lo consiguió, ya que no hay mucho qué contar. Según Ixtlilxochitl, Nezahualpilli también fue un hombre bondadoso que daba ropa y alimentos a los pobres (a eso se le llama demagogia). Lo mismo hacen muchos políticos hoy en día y eso no los hace necesariamente buenos. Es una forma de evitar que el pueblo se rebele.

Por otras fuentes sabemos que Nezahualcóyotl condenó a muerte a cuatro de sus hijos por incestuosos, y que Nezahualpilli llevó a juicio y condenó a muerte a uno de sus hijos por intentar seducir a una de sus concubinas; a otro de sus hijos por haber construido un palacio sin su consentimiento, a otra por haber tenido una relación amorosa con el hijo de un noble y a otros dos por mentir. Castigos similares recibieron sus concubinas: una por beber octli «pulque», por ejemplo.

Las relaciones entre Texcoco y México-Tenochtitlan ya estaban fracturadas. Había celos y discordancia. Nezahualpilli no estaba de acuerdo en la forma en que Moctezuma Xocoyotzin llevaba su gobierno ni con las Guerras Floridas ni los sacrificios humanos (según Ixtlilxochitl). La verdad es que México-Tenochtitlan había rebasado por mucho —con sus conquistas— el poder de Texcoco. Por lo tanto la Triple Alianza ya era tan sólo un título de adorno, que hasta cierto punto seguía siendo benéfico para las tres ciudades. Ni quien se atreviera a invadir Tlacopan o Texcoco.

Fernando de Alva Ixtlilxochitl, muy a su estilo de novelesco, aseguró que Chalchiuhnenetzin —una de las hermanas de Moctezuma Xocoyotzin, casada con Nezahualpilli—, solía llevar al palacio (por supuesto, en ausencia del rey de Texcoco) a sus amantes, a quienes no sólo asesinaba sino que desollaba y momificaba. Aquí viene lo más infantil: cuando Nezahualpilli la visitaba (pues se supone que ella vivía sola en otro palacio) le preguntaba sobre aquellas momias y ella respondía que eran sus dioses y que él ingenuamente le creía, hasta que un día la visitó y uno de los sirvientes le impidió la entrada. Sí, leyó usted bien: un sirviente no dejó que el rey de Texcoco entrara a su propio palacio, con el argumento de que Chalchiuhnenetzin estaba dormida. Cuando Nezahualpilli entró descubrió a su esposa teniendo sexo con otros hombres. La llevó a juicio y la condenó a muerte. Al parecer, Moctezuma Xocoyotzin estuvo en contra de esta decisión pero la respetó, lo cual me parece inverosímil. Si el tlatoani hubiera querido, habría impedido que mataran a su hermana. Es muy probable que esto no haya sucedido. De igual forma, Alva Ixtlilxochitl asegura que Moctezuma intentó matar a Nezahualpilli en una Guerra Florida, pero no personalmente, ni por medio de sus tropas, sino utilizando a los tlaxcaltecas, a quienes engañó diciéndoles que Nezahualpilli pretendía conquistarlos en esa batalla. Las Guerras Floridas eran estrictamente para capturar presos y no podían conquistar tierras ni matar líderes ni saquear ciudades. No se sabe de alguna en la que se hayan quebrantado esas reglas. Según el mentiroso Fernando de Alva Ixtlilxochitl, los tlaxcaltecas se creyeron lo que les dijo Moctezuma y decidieron matar al señor de Texcoco en esa batalla, pero Nezahualpilli decidió en el último momento no acudir, y en su representación envió a dos de sus hijos, quienes fueron capturados y sacrificados días después en los teocalli tlaxcaltecas. Sin embargo, como ya se ha mencionado, los miembros de la nobleza no participaban en las Guerras Floridas. Ixtlilxochitl termina esta fábula narrando que Moctezuma convenció a los señores de Mixquic, Huitzilopochco, Colhuacan e Iztapalapan para que dejaran de pagar tributo a Acolhuacan. Cuando Nezahualpilli le reclamó al tlatoani, éste le respondió que así serían las nuevas reglas y que México-Tenochtitlan era ya el único señor del imperio. Es decir que según Fernando de Alva Ixtlilxochitl, en ese momento se concluyó la Triple Alianza. Más adelante veremos que no fue así.

La distancia entre estos dos gobernantes fue tal que Nezahualpilli le dejó el gobierno al consejo acolhua y se retiró a uno de sus palacios en Texcoco, donde murió en soledad; ni sus esposas ni sus hijos se enteraron cuándo ni cómo. Un día una de sus esposas fue a visitarlo y los sirvientes le contaron que había muerto y que ya habían quemado su cadáver. Aquí sería bueno detenernos y preguntarnos, ¿cómo es posible que se muera un rey y los sirvientes decidan incinerar al difunto sin siquiera consultar o dar aviso a los familiares. Y no se trataba del rey de cualquier pueblito, era el señor de Texcoco, uno de los aliados de Moctezuma Xocoyotzin, el hombre más poderoso del continente americano, el equivalente al presidente de los Estados Unidos hoy en día.

Cuando les cuestionaron los motivos y la fecha dieron datos diferentes en varias ocasiones. Se murmuró mucho sobre la muerte de Nezahualpilli. Algunos aseguraban que Moctezuma Xocoyotzin lo había mandado matar, otros que uno o varios de sus hijos lo habían asesinado. El tlatoani decidió no acudir a las ceremonias fúnebres de Nezahualpilli —que duraron ochenta días— para evitar confrontaciones con aquellos que lo creían responsable de su muerte.

Se desconoce las razones de Nezahualpilli para no nombrar al sucesor del señorío acolhua. Se deduce que estaba saludable y que la muerte le llegó de forma intempestiva. El tlatoani recomendó que eligieran a Cacama. El consejo y el pueblo acolhua aceptaron y lo reconocieron como nuevo tlatoani, pero el hijo menor, Ixtlilxochitl, enfureció y buscó diversas maneras de impedir aquella coronación. Incluso confrontó a Moctezuma Xocoyotzin.

Con frecuencia se repite la misma cantaleta de que fueron los tlaxcaltecas quienes hicieron la Conquista y no los españoles. Cierto, pero se ha ignorado casi por completo que también fueron los acolhuas, guiados por Ixtlilxochitl, el joven, como se le conocía al hijo de Nezahualpilli. Él interceptó a Hernán Cortés y le ofreció su ciudad, sus tropas, sus mujeres, alimento y su armamento. Ixtlilxochitl, el joven, es el gran traidor. Los tlaxcaltecas y Malinalli (conocida como la Malinche) no traicionaron a México-Tenochtitlan, porque no eran aliados; Texcoco sí.

Y aquí viene la falacia más burda de Fernando de Alva Ixtlilxochitl: según él, en 1500 nació Ixtlilxochitl, el joven, hijo de Nezahualpilli, y como era costumbre, se le preguntó a los agoreros sobre el destino de este recién nacido y ellos respondieron que aquel infante se haría amigo de nuevas naciones (España y Alemania) —aunque aquello implicara combatir contra sus familiares—, adoptaría leyes nuevas (las españolas), salvaría a los inocentes de la injusticia, lucharía en contra de su religión y sus dioses. ¡Oh! ¡El Jesucristo chichimeca! El autor de este símil de segundo testamento es el responsable de que hoy en día Nezahualcóyotl goce de una veneración inagotable, y a mi juicio, inmerecida.

Pero dejando de lado los conflictos entre Ixtlilxochitl, el joven, y Moctezuma Xocoyotzin, también cabe aclarar que el tlatoani tenía muchos enemigos, que también apoyaron a Hernán Cortés en su conquista. Esto no fue fortuito, el conquistador español supo "enamorar" a muchos señores principales. También es cierto que a otros los intimidó u obligó, pero ninguno de ellos estaba dispuesto a lidiar con los extranjeros. Muchos les entregaban lo que pedían (agua, alimento y oro) con la esperanza de que se marcharan pronto; otros los atacaban y otros abandonaban sus pueblos.

Después de la llegada de los náufragos Gonzalo Guerrero y Gerónimo de Aguilar, la primera expedición en llegar a Yucatán fue la de Francisco Hernández de Córdoba, en 1517. Hay quienes dicen que llegó a Cabo Catoche y otros que era Cozumel. Lo importante aquí es que hasta entonces los españoles no habían encontrado civilizaciones avanzadas, sólo construcciones de cal y canto. Hernández de Córdoba, entre muchos otros, fue herido de gravedad por las lanzas y flechas de las tribus mayas. La expedición se vio obligada a regresar a Cuba. Hernández de Córdoba falleció en el camino.

El gobernador de Cuba, Diego Velázquez de Cuellar envió al año siguiente otra expedición a cargo de Juan de Grijalva, quien recorrió parte de las costas de los actuales estados de Quintana Roo, Yucatán, Campeche, Tabasco (el río Grijalva fue bautizado en su honor), Veracruz y Tamaulipas. Aquí es donde apareció el famoso y tan vilipendiado evento del intercambio de oro por espejos. Se dice que fue un engaño y no hay nada más lejos de la realidad. Juan de Grijalva les entregó un espejo, dos cuchillos, dos tijeras, dos collares de cuentas de vidrio verdes, vidrios cuadrados y azules, un bonete de frisa colorada, unas alpargatas y otras cosas. Para los indígenas el oro no tenía tanto valor como las plumas, las mantas, los granos. Ellos se metían a los ríos y encontraban las pepitas de oro sin gran esfuerzo. Lo que Grijalva les dio fue algo novedoso. ¡Dos pares de tijeras, espejos! Sí, hoy en día eso no tiene nada de valor para la mayoría de nosotros pero, ¿qué ocurriría si llegaran los extraterrestres y les entregaran un objeto desconocido? Les aseguro que no les importaría el valor de dicho objeto, sino la satisfacción de tener algo único y poder presumirlo a sus amigos. ¿Cuántos nos hemos tomado una foto con un cantante famoso para presumirla en redes sociales? El valor de las cosas es relativo, como la justicia y la verdad.

Grijalva regresó a Cuba obedeciendo las órdenes de Diego Velázquez: explorar únicamente. Gracias a este viaje los españoles supieron de la existencia de un gran imperio. Es decir, que Hernán Cortés ya sabía a lo que venía.

El recorrido de Cortés fue muy parecido y con las mismas circunstancias: gente que huía de ellos, otros que los atacaban y algunos que les ofrecían de todo, incluyendo mujeres y cargadores. La diferencia es que Cortés corrió con mucha más suerte y se movió con más astucia. A él no le dio miedo desobedecer a Diego Velázquez. Por otra parte se encontró con dos joyas que le facilitaron su expedición y su conquista. La primera fue Gerónimo de Aguilar, a quien Cortés rescató tras escuchar sobre dos cautivos en tierras mayas. Gonzalo Guerrero se negó a volver, pues sus palabras fueron: "Hermano Aguilar, yo soy casado y tengo tres hijos, y me tienen por cacique y capitán cuando hay guerras; idos con Dios, que yo tengo labrada la cara y horadadas las orejas. ¡Qué dirán de mí desde que me vean esos españoles ir de esta manera! Y ya veis, estos mis hijitos cuán bonicos son. Por vida vuestra que me deis de esas cuentas verdes que traéis, para ellos, y diré que mis hermanos me las envían de mi tierra".

La esposa de Gonzalo Guerrero le recriminó a Gerónimo de Aguilar: "Mira con qué vienes a hablar a mi marido; vete y no desperdicies tu tiempo en más pláticas". Cuando Aguilar llegó a la costa, la embarcación de Cortés ya se había marchado. Aguilar los siguió cuatro días en unas canoas con ayuda de los nativos. Andrés de Tapia vio la llegada de la canoa con ocho nativos a bordo. Aguilar no tenía la apariencia de un español: traía una cotara «sandalia» vieja calzada y la otra atada en la cintura, una manta vieja muy ruin y un braguero peor, con el que cubría sus vergüenzas y traía atada en la manta un bulto que eran hábitos muy viejos. Andrés de Tapia no podía creer lo que veía. Aguilar se apresuró a bajar de la canoa y sin decir una palabra abrazó fuertemente al español, quien luego envió a uno de sus hombres a avisar a los demás que uno de los náufragos había aparecido. "¿Qué es del español?", preguntó Cortés al tener a Tapia frente a él. "Yo soy", respondió Aguilar y se hincó frente a Hernán Cortés. A partir de entonces la comunicación entre Cortés y las tribus mayas fluyó sin contratiempos.

Al llegar a Tabasco, Cortés recibió, como en otros lugares, agua, alimento, oro, piedras preciosas, cargadores y mujeres; entre ellas una adolescente de entre catorce y quince años, la cual pasó inadvertida hasta que la expedición llegó a las costas de Veracruz y Gerónimo de Aguilar dejó de ser útil, pues sólo había aprendido maya y en aquel lugar hablaban totonaco y náhuatl. Para los conquistadores era como empezar de nuevo. De pronto esta jovencita les habló a los naturales y tradujo al maya. A partir de entonces Hernán Cortés llevó consigo a todas partes a Gerónimo de Aguilar —traductor del español al maya— y a Malintzin —del maya al náhuatl— y viceversa.

Sobre el significado del nombre "Malintzin" hay muchas versiones. Una de ellas dice que fue bautizada como Marina y ya que en náhuatl no existía la letra "r", así que pronunciaban el nombre como "Malina", y que al agregarle la terminación "tzin", que en náhuatl es un sufijo que indica respeto o cariño, se le llamaba Malintzin. A mí me parece la más congruente. Otra versión dice que Malinalli era su nombre en náhuatl, que significa «hierba seca» y que simplemente se le llamaba Malintzin en forma de respeto. Otra versión es que "Mali" en náhuatl significa cautivo, y con el «tzin», Malintzin significaba «venerable cautiva». Otra versión asegura que su nombre se deriva de Malinalli, nombre del decimosegundo día del mes mexica, y que por ser nombre propio, se podían suprimir las últimas dos letras, «li», quedaba como Malinal.

Aquí es donde resulta indispensable aclarar que Malinche es el nombre que los nativos le pusieron a Hernán Cortés y significa «dueño de Malintzin». Por lo tanto es completamente erróneo el uso de Malinche cuando se refiere a esta jovencita. Y peor aún son los términos malinchista y malinchismo, pues aunque se refieren a Malintzin ella no traicionó a nadie; en primer lugar porque las mujeres no tenían ni voz ni voto (únicamente las esposas de los reyes) y menos si eran esclavas, por lo tanto debían obedecer sin cuestionar; en segundo término porque no era ni esposa ni hija ni amiga de Moctezuma; y tercero, porque tampoco era mexica, como muchos aseguran. Es casi imposible saber dónde nació. Aquí les dejo las diferentes leyendas que merodean la historia de esta jovencita.

Versión uno: nació en Xalisco, era hija de uno de los señores principales y en medio de una guerra fue arrebatada de los brazos de sus padres por unos mercaderes cuando era aún muy pequeña; luego la vendieron en Xicalanco y fue entregada al señor de Tabscoob. Versión dos: su madre era mexica y la vendió en Xicalanco porque su esposo murió y luego se casó con otro, que no quería una hija ilegítima. Versión tres: era hija de uno de los señores principales de Painalá, cerca de Coatzacoalcos. Versión cuatro: nació en la costa de Teticpac. Versión cinco: nació en Totiquipaque.

Malintzin fue una pieza clave en la Conquista de México, pues conocía las costumbres y condujo a su amo —y después amante— sin cuestionar los acontecimientos.

La flota de Hernán Cortés —en la cual iban Alonso Hernández Portocarrero, Alonso Dávila, Diego de Ordaz, Francisco de Montejo, Francisco de Saucedo, Juan Escalante, Juan Velázquez de León, Cristóbal de Olid, Gonzalo de Sandoval, Pedro de Alvarado y Antonio de Alaminos— consistía de 11 naves, 518 infantes, 16 jinetes, 13 arcabuceros, 32 ballesteros, 110 marineros y alrededor de 200 indígenas de Cuba y esclavos negros, 32 caballos, 10 cañones de bronce y 4 falconetes.

En Veracruz, Cortés recibió a los emisarios de Moctezuma, quienes se hicieron pasar por mercaderes. A partir de entonces los españoles confundieron la palabra "tecutli" —que significa «señor», y en cuya fonética el sonido "cu" casi no se escuchaba o no se entendía para el oído castellano, dando un sonido de "u"— con la palabra "teul". Al preguntar por el significado de la palabra "teul" los mexicas creyeron que se trataba de teotl, que designa a un dios. Entonces los conquistadores creyeron que los nativos los habían confundido con dioses, escribiendo en sus crónicas que les llamaban teules, lo cual es completamente falso pues cuando ellos llegaron Moctezuma y todos los mexicas ya sabían que no lo eran. En Yucatán les decían dzul «extranjero».

El mito de que los nativos confundieron a Hernán Cortés con Quetzalcoatl lo inventaron los frailes franciscanos en el año 1560 para justificar el regreso de los restos mortales de Hernán Cortés a la Nueva España. Véase: *Cortés*, de Christian Duverger, pp. 358

Moctezuma estaba bien informado de todo lo que ocurría en Yucatán, Campeche, Tabasco y Veracruz; por lo tanto lo que menos quería era que aquellos hombres llegaran a México-Tenochtitlan. Es justo analizar sus motivos. Bien se puede creer que por temor, pero entiéndase que al buen juicio también lo construye el temor. Aquellos que no razonan son los que se van a los golpes, los que entran a una escuela con una metralleta y asesinan a una docena de alumnos. El tlatoani era un hombre maduro, experimentado, inteligente, astuto; de ninguna manera iba a poner en riesgo a su gente sabiendo que aquellos extranjeros tenían armas superiores a las locales. Decidió entonces enviar regalos a Cortés para que se fuera; pero únicamente consiguió alimentar la codicia del conquistador. Luego optó por establecer una alianza con Tlaxcala, pero se equivocó en la estrategia y su enemigo se alió con los extranjeros.

Cabe mencionar que cuando Cortés llegó a territorio tlaxcalteca no fue bien recibido. Sufrieron fuertes ataques que lo llevaron a encerrarse en un pequeño poblado, donde escaseaba la comida y el agua. Pero la fortuna estaba del lado de Cortés. Entre los aztecas había un código de guerra: enviar embajadores para que declararan la guerra y al mismo tiempo entregar alimento, armas, cargadores y mujeres (para que les cocinaran) al enemigo, para que cuando pierdas la guerra no digas que fue porque estabas hambriento, sediento, cansado o desarmado. Antes de la batalla los tlaxcaltecas enviaron a los españoles trescientos guajolotes y doscientas cestas de tortillas y tamales. Le estaban entregando el continente americano en charola de plata a Hernán Cortés. Aunque él comprendió los códigos de guerra de los nativos, no le importaba seguirlos, pues los combates también tenían un principio: capturar prisioneros. Mientras los aztecas luchaban para conseguir el mayor número de cautivos y luego llevarlos a la piedra de los sacrificios, los españoles disparaban a matar. Los tlaxcaltecas se rindieron y decidieron aliarse con los extranjeros.

Mucho se ha dicho sobre la cobardía de Moctezuma Xocoyotzin. Hay que aclarar algo: él nunca se rindió. Los tlaxcaltecas sí, los cholultecas también, y muchos otros más. Moctezuma no atacó a Cortés cuando éste llegó a Tenochtitlán porque sabía que hacerlo sería una estupidez. Tenía todas las de perder. Cortés llegó con un ejército de cuatrocientos cincuenta hombres blancos y aproximadamente seis mil soldados tlaxcaltecas, cholultecas, huexotzincas y totonacas. El número era mucho menor al ejército de Moctezuma (y los doscientos mil habitantes que había en México-Tenochtitlan). Si Cortés no le había declarado la guerra y había insistido en repetidas ocasiones en que traía un mensaje del rey Carlos V, el tlatoani no podía recibirlo con violencia.

Hay que tomar en cuenta que Moctezuma le puso a Cortés varias trampas en el camino. Una de ellas era hacerle creer a los tlaxcaltecas que Cortés era su amigo y que con este motivo lo atacaran, y al mismo tiempo hacerle creer a Cortés que los Tlaxcaltecas eran sus amigos. También les tenía preparada una emboscada en Cholula, pero el conquistador se enteró y los mató antes de que lo asesinaran a él. Otra de las trampas fue mucho más elaborada: cavar zanjas en el camino de Cholula a Tenochtitlan, enterrar enormes estacas de forma vertical y taparlas con tablas y arbustos para que cuando los españoles pasaran por ahí cayeran y fueran atravesados por las estacas. Nuevamente Cortés fue informado y decidió tomar otra vía, la que hoy se conoce como la Ruta de Cortés, que pasa entre los volcanes Popocatépetl y el Iztacíhuatl.

La entrada de Cortés a México-Tenochtitlan —el 8 de noviembre de 1519— fue en un acto solemne, digno de cualquier rey. Lo siguiente es sólo una reconstrucción de acuerdo a diversas fuentes, no significa que haya sucedido tal cual:

Moctezuma Xocoyotzin llegó a la calzada de Iztapalapan cargado en ricas andas en compañía de Cacama, Totoquihuatzin, Cuitlahuac, Itzcuauhtzin, señor de Tlatelolco y más de doscientos pipiltin, que llevaban sus cabelleras largas atadas sobre la coronilla con una cinta roja, todos descalzos, en silencio, sin mirar a nadie. Miles de hombres, mujeres, niños y ancianos —en la calzada, en las canoas, en las azoteas y en las calles— yacían arrodillados, con las frentes y manos tocando el piso. Moctezuma bajó de sus andas ayudado por Cacama y Totoquihuatzin, mientras cuatro miembros de la nobleza sostenían las cuatro patas del palio rojo, decorado con hermosas chalchihuites y perlas. Moctezuma, Cacama y Totoquihuatzin tenían en sus cabezas las tiaras de oro y de pedrería que los distinguían como señores de la Triple Alianza, y vestían exquisitos trajes de algodón anudados sobre los hombros izquierdos.

· Hernán Cortés y sus hombres bajaron de sus caballos y caminaron hacia el tlatoani y su séquito, quienes

—cumpliendo con el saludo ceremonial— se arrodillaron ante los hombres blancos, tomaron tierra con los dedos y se la llevaron a los labios. En cuanto Cortés se aproximó a Moctezuma, Malintzin y Gerónimo de Aguilar los presentaron. Cortés se acercó con confianza y extendió los brazos hacia el frente. Cuitlahuac y Cacama se apresuraron para interceptar al hombre blanco, le tomaron de las manos y le dijeron que estaba prohibido tocar al huey tlatoani. Esto provocó desconfianza en los hombres de Cortés, quien en lugar de mostrarse ofendido se arrodilló ante el tlatoani, quien segundos después le dijo se pusiera de pie. Entonces Cortés se quitó un collar de margaritas y diamantes de vidrio y se lo ofreció a Moctezuma. Entonces el tlatoani ordenó que le llevaran collares de flores para entregarle a su huésped, y él se lo colocó personalmente.

Luego se dirigieron al palacio de Axayacatl. Adelante un grueso contingente de danzantes. A su paso escucharon música y los gritos de la gente entusiasmada. La gente les entregaba girasoles, magnolias, flores de maíz tostado, flores de tabaco amarillas, flores de cacao, entre otras. A los barbudos les colgaban en el cuello collares de guirnaldas y adornos de oro.

Moctezuma acompañó a Hernán Cortés al palacio de Axayacatl y se cuenta que le dijo: "Estás en tu casa" o "Mi casa es tu casa", y se retiró. Al parecer volvió más tarde. Moctezuma no hablaba con nadie y uno de los miembros de la nobleza fungía como intermediario, aunque el tlatoani escuchara lo que sus interlocutores decían. Actuó de la misma manera con Cortés, lo cual debió ser bastante lento y aburrido, pues se trataba de tres intérpretes: los dos de Cortés y el de Moctezuma.

Después, entraron todos los pipiltin con regalos para los huéspedes: plumas finas, joyas, seis mil piezas de la más fina ropa de algodón, comida, plata y oro. Cada una de las personas que entraban se arrodillaba, hacían las reverencias al tlatoani, entregaba su ofrenda, luego caminaba hacia atrás sin darle la espalda al tlatoani, se sentaba en cuclillas con la cabeza y mirada hacia abajo y pedía permiso para salir; Moctezuma le respondía al noble que estaba a su lado, éste hablaba y el otro salía sin mirar al frente y sin darle la espalda al tlatoani.

En algún momento Hernán Cortés le hizo saber a Moctezuma que le habían dicho que él era un dios o que vivía como un dios, a lo que el tlatoani respondió, según el testimonio de Cortés: "Estáis en vuestra naturaleza y vuestra casa, holgad y descansad del trabajo del camino y guerras que habéis tenido, que muy bien sé todos los que se vos han ofrecido de Putunchán acá, y bien sé que los de Cempoala y de Tascatelcatl os han dicho muchos males de mí. No creáis más de lo que por vuestros ojos veredes, en especial de aquellos que son mis enemigos y algunos de ellos eran mis vasallos y se me han rebelado con vuestra venida y por favorecerse con vos lo dicen, los cuales sé que también os han dicho que yo tenía las casas con las paredes de oro y que las esteras de mis estrados y otras casas de mi servicio eran asimismo de oro, y que yo era y me hacía dios y otras muchas cosas. Las casas ya las véis que son de piedra y cal y tierra —en ese momento Moctezuma se puso de pie y alzó sus vestiduras para que el tecutli Malinche viera su sexo—. A mí véisme aquí que soy de carne y hueso como vos y como cada uno, y que soy mortal y palpable —con gran insistencia se tocó con las manos el pecho, el abdomen, caderas, genitales y piernas—. Ved cómo os han mentido; verdad es que tengo algunas cosas de oro que me han quedado de mis abuelos: todo lo que yo tuviere tenéis cada vez que vos lo quisierais; yo me voy a otras casas donde vivo; aquí seréis provisto de todas las cosas necesarias para vos y para vuestra gente. Y no recibáis pena alguna, pues estáis en vuestra casa y naturaleza".

Los días siguientes fueron de absoluta tranquilidad. Cortés le habló al tlatoani sobre el rey Carlos V y le dijo que tenía una enfermedad que únicamente se curaba con el oro. Moctezuma le dio varias cargas de este metal y al parecer a los ocho o diez días le pidió a Cortés —de la manera más amable— que se marchara, algo que el español no pretendía hacer; sin embargo, prometió que así lo haría y pidió que se reuniera a todos los miembros de la nobleza y del ejército para poder despedirse de ellos. En un acto de confianza —no se le puede llamar ingenuidad pues ese tipo de cosas no se hacían en el Anáhuac—, el tlatoani reunió a toda la nobleza en el palacio de Axayacatl. Mientras tanto, los tlaxcaltecas, cholultecas, totonacos y demás aliados bloquearon todas las entradas al palacio.

No se sabe a ciencia cierta qué ocurrió aquel día. Seguramente hubo golpes, amenazas, heridos, gritos, histeria y quizá algunos nobles muertos. Por supuesto que ni Cortés ni los españoles iban a confesarlo. Ni siquiera los peores enemigos del conquistador, y vaya que tenía bastantes. No lo denunciaron porque al hacerlo se podría destapar la caja de pandora. Tal vez estoy especulando demasiado y todo transcurrió con tranquilidad.

Moctezuma permaneció preso, alrededor de doscientos veintiséis días. De acuerdo con las crónicas españolas, la situación dentro del palacio de Axayacatl continuó como si nada. Es muy probable que así haya ocurrido los primeros días o quizá las primeras semanas. Pero no al grado que relatan los españoles: que Moctezuma jugaba con ellos y los trataba casi como a sus hijos. Todo lo que ellos cuentan se resume a que Hernán Cortés y Moctezuma Xocoyotzin se hicieron muy amigos. No dudo que hayan platicado largas horas, primero por la curiosidad, el intercambio cultural, el deseo de conocer al enemigo; pero llegar al síndrome de Estocolmo (cuando la víctima desarrolla una relación de complicidad y afecto con su secuestrador), no lo creo. Lo digo porque los mismos españoles se delataron. Son ellos mismos quienes dijeron que Moctezuma intentó fugarse en varias ocasiones: una de esas, trató de brincar desde la azotea. Del otro lado del muro lo estaban esperando varios miembros de la nobleza que no habían sido apresados. No lo logró ya que uno de los soldados españoles evitó la fuga, cogiendo del pie al tlatoani, quien quedó colgado hasta que otros hombres lo rescataron. En otra ocasión, Moctezuma sedujo a un joven —que solía cuidar al tlatoani— y lo convenció de que le consiguiera un macahuitl. También intentó huir por medio de un boquete que los mexicas habían hecho en el muro de la habitación, pero fueron descubiertos.

También es muy probable que Moctezuma haya fingido amabilidad con los españoles, primero porque era un hombre muy astuto, segundo porque así le convenía, y tercero porque era su única opción. Si trataba mal a sus carceleros ellos lo tratarían mal. Eso se verá más adelante.

En el transcurso de esos doscientos veintiséis días ocurrieron muchas cosas. Los españoles descubrieron el Teocalco «casa de dios», donde permanecían guardadas todas las pertenencias de los tlatoque anteriores, lo que los extranjeros llamaron la bóveda del tesoro de Moctezuma. Ahí habían sido depositadas porque después de la muerte de cada uno de ellos nadie más debía utilizarlas. Y desde entonces pertenecían a los dioses. Antes de la llegada de los españoles a México Tenochtitlan, Moctezuma mandó sellar el Teocalco, con un muro. Dicha bóveda se encontraba en el palacio de Axayacatl, donde se hospedaron los visitantes desde el primer día. Una noche, uno de los hombres de Cortés, que era albañil, se percató que una parte del muro se veía más nueva que la del resto de la habitación. Le informó de esto a Cortés y decidieron derrumbar el muro en la noche para no ser descubiertos. Se dice que el tesoro era enorme. Por la descripción, uno podría imaginarse la bóveda de Rico Mac Pato, pero la verdad es que no se trataba únicamente de piezas de oro, sino de prendas, penachos, armas, y otro tipo de objetos personales. Lo que llamó la atención de los españoles fue que todas esas prendas tenían pequeñas piezas de oro. Acto seguido, destrozaron todo lo que había para hacerse del oro y las piedras preciosas.

Al parecer sí lograron obtener una buena cantidad de oro, porque se dice que la noche en que los españoles huyeron de México-Tenochtitlan llevaban una yegua cargada de baúles llenos de oro. Quizá era falso y lo inventaron ante la corona española para justificar la destrucción de la ciudad.

Otra de las cosas importantes en el transcurso de estos doscientos veintiséis días, fue la construcción de los primeros cuatro bergantines en el lago. Para los nativos resultaba toda una proeza la construcción de los extranjeros. Cortés entraba y salía de Tenochtitlan con tranquilidad, pues nadie se atrevía a hacerle nada. En México-Tenochtitlan no había leyes que otorgaran el poder a segundos o terceros en ausencia del tlatoani, el cihuacoatl o todo el congreso. Además estaba penado con la muerte cualquier intento de usurpar las funciones del tlatoani. Es en este punto donde se puede demostrar, una vez más, que es falso que el pueblo entero haya odiado al tlatoani Moctezuma. Si hubiera sido así, a ellos les habría dado igual si el tlatoani estaba preso o no, si lo asesinaban o no. Pero tal era el cariño y respeto que le tenían al monarca que no hicieron nada en contra de los españoles. Cabe aclarar que también había un grupo en contra de Moctezuma. Fueron ellos quienes se encargaron tiempo después en ensuciar por completo la ya de por sí sucia reputación de Moctezuma.

El objetivo de Hernán Cortés era entregarle a Carlos V una ciudad hermosa y lo había logrado con impresionante astucia. Hasta ese momento no se había derramado una gota de sangre, según narran los españoles. En muchas ocasiones me he preguntado cuál era el plan de Cortés. ¿Mantener preso a Moctezuma hasta que muriera? Era una decisión difícil. Mientras mantuviera vivos a sus rehenes tendría el control de la ciudad, pero ¿por cuánto tiempo? La población tarde o temprano se cansaría. Hay quienes creen que Cortés aprovechó su viaje a Veracruz para que Pedro de Alvarado se encargara del trabajo sucio. Es una hipótesis que coloca a Hernán Cortés en la casilla de la psicopatía. Dudo que haya sido tan ingenuo o tan cruel. En ese momento de la historia él estaba cosechando victorias y dejar la matanza del Templo Mayor en manos de Pedro de Alvarado era irresponsable, si se analiza desde la visión del estratega. Eran cien españoles contra una población de aproximadamente doscientos mil. Quizá más, los cronistas y los historiadores no se ponen de acuerdo. Aunque hubiera sido menor la población en México-Tenochtitlan, llevar a cabo aquella matanza conllevó un grado de riesgo altísimo.

Ya mencioné algunas situaciones que comprueban que Moctezuma no estaba preso por su gusto y que había intentado escapar en varias ocasiones. En cuanto se enteró de que habían llegado dieciocho navíos a las costas de Veracruz, envió mensajeros. Pánfilo de Narváez le mandó decir al tlatoani que Hernán Cortés había desobedecido a sus superiores y por lo tanto era un prófugo de la justicia. Moctezuma Xocoyotzin le respondió que estaba dispuesto a darle todo el apoyo que necesitara. Los mismos españoles narran en sus crónicas que Moctezuma ofreció apoyo a Narváez. Alguien con síndrome de Estocolmo no haría esto (entiéndase que el término es relativamente nuevo, pero el síntoma no).

Cortés partió a Veracruz y dejó a cargo a Pedro de Alvarado. Moctezuma, ya le había solicitado permiso a Cortés para llevar a cabo la celebración del Toxcatl, en honor a Huitzilopochtli y Tezcatlipoca. Era una fiesta que duraba varios días. Al parecer los tlaxcaltecas le dijeron a Pedro de Alvarado que evento era una trampa, por lo tanto, el español decidió llevar a cabo una masacre de seiscientos nobles y cinco mil plebeyos, hoy conocida como la Matanza del Templo Mayor. No está muy claro qué fue lo que sucedió. El *Códice Florentino* lo relata de esta manera:

Vienen a pie, con sus escudos y sus espadas de metal. Rodean a los que estaban bailando, van a donde están los teponaxtles, les cortan las manos, los cuellos, y sus cabezas caen lejos. Todos atacan a la gente con las lanzas de metal. Algunos son cortados por detrás y enseguida sus tripas se dispersan. A algunos les reducen a polvo sus cabezas y a otros los golpean en los hombros. A otros los golpean repetidas veces en las corvas, en los muslos; les rajan el vientre y enseguida todas sus tripas se dispersan. Es en vano correr. No queda más que caminar a gatas, arrastrando las entrañas, que se les enredan en los pies. No se puede ir a ningún lado. Algunos logran escapar escalando los muros o refugiándose en los aposentos del recinto, otros se meten entre los cadáveres, si los españoles ven que alguno se mueve lo rematan. La sangre corre como agua. Un olor fétido abunda por todas partes. Lanzan grandes gritos: ¡Oh, valientes guerreros! ¡Oh, mexihcas! ¡Acudan! ¡Que se dispongan las armas, los escudos, las flechas! ¡Vengan! ¡Acudan! ¡Están murieron los valientes guerreros! ¡Oh, mexicas! ¡Oh, valientes guerreros! Entonces la multitud ruge, llora, se golpea los labios.

Al parecer, los mexicas se tomaron dos o tres días para incinerar a sus muertos, curar a sus heridos y limpiar un poco la ciudad. Pasado ese brevísimo duelo, el pueblo se levantó en armas contra los españoles. Quemaron los cuatro bergantines que Cortés había mandado construir en el lago, sitiaron el palacio de Axayacatl y dejaron de proveerles agua y alimento. Intentaron derrumbar varios muros pero eran atacados por los españoles y sus aliados. Los combates eran todos los días, de sol a sol. Para beneficio de los españoles, los aztecas continuaron con el hábito de cesar las batallas apenas oscurecía.

Afuera del palacio de Axayacatl había otra guerra, quizá la peor de todas: la guerra política. La mitad de los mexicas estaba en contra de los extranjeros y la otra mitad a favor, incluso intentaron entregarle alimento a los invasores. Por si fuera poco los locales no tenían dirigentes ni idea de cómo combatir.

Los españoles dicen que cuando Hernán Cortés regresó de Veracruz el 24 de junio de 1520, no tuvo problemas al entrar, lo cual me parece inverosímil. Si los mexicas llevaban varios días sitiando el palacio de Axayacatl, ¿por qué no le harían difícil la entrada a Cortés? Como sea, él entró enfurecido al palacio de Axayacatl y al ver a Pedro de Alvarado, evitó a toda costa hablar con él; asimismo estaba enojado con Moctezuma por haberle ofrecido ayuda a Pánfilo de Narváez. Así lo expresó: "Vaya para perro, que tianguis no quiere hacer, ni de comer nos manda dar. ¿Qué cumplimiento he de tener con un perro que se hacía con Narváez secretamente?, y ahora veis que aun de comer no nos dan".

Los siguientes días, Cortés hizo todo lo posible para tranquilizar a los mexicas, pero fue imposible. Llevó a Moctezuma a la azotea del palacio para que desde ahí hablara con los mexicas. La gente se negó a escucharlos. A ellos ya no les interesaba negociar con los extranjeros. El rehén de Cortés —que lo había mantenido a salvo en Tenochtitlan— había perdido todo el valor para el pueblo. La gente les lanzaba todo tipo de proyectiles. Se dice que una piedra golpeó a Moctezuma en la cabeza y que ésta fue la causa de su muerte. Esta hipótesis carece de fundamentos. Suponiendo que quien haya lanzado la famosa piedra lo haya hecho con una fuerza desbordada, tenía tres obstáculos que debilitaban la potencia de su proyectil: el muro, el patio y la azotea. El palacio de Axayacatl tenía un enorme atrio, donde se encontraban los soldados españoles, tlaxcaltecas y demás aliados; todo estaba rodeado por un muro. Entonces, conociendo esta información, resulta difícil creer la versión de la pedrada. Hay quienes dicen que Cortés mató a Moctezuma. Era su rehén, y aunque la mayoría de la gente estaba en contra del tlatoani, había otros que insistían en rescatarlo. No hay que olvidar ese factor tan importante: el pueblo estaba dividido, los mexicas se estaban matando entre sí, porque no se ponían de acuerdo. Todos desconfiaban de todos. Cortés era un hombre hábil y por ningún motivo iba a matar a su rehén. Incluso estaba dispuesto a llevárselo a donde fuera, tras huir de México-Tenochtitlan. Antonio de Solís escribió:

> Moctezuma volvió en sí dentro de breve rato; pero tan impaciente y despechado, que fue necesario detenerle para que no se quitase la vida. Bernal Díaz del Castillo escribió que fray Bartolomé de Olmedo no pudo convertir a Moctezuma al cristianismo y que el fraile se disculpó objetando que no creía que el soberano muriese de sus heridas, salvo que él debió mandar que le pusiesen alguna cosa con que se pasmó.

Se refiere a que el mismo tlatoani pudo haber cometido suicidio. ¿Locura? De ninguna manera. Era un acto de honor. Si el tlatoani le había fallado a su pueblo, lo más digno era quitarse la vida, para liberarlos del miedo o precaución (de que por entrar al palacio, los españoles asesinaran a Moctezuma) que los había mantenido del otro lado del muro.

Imaginemos por un instante el aspecto de Moctezuma en esos días. Seguramente llevaba días sin comer. Por lo tanto era ya un hombre enclenque, cansado, triste. El tlatoani sabía que ya no tenía escapatoria, por lo tanto, ocupó su última carta: le pidió a Cortés que liberara a su hermano Cuitlahuac. La promesa era que Cuitlahuac tranquilizaría al pueblo y abriría el tianguis de Tlatelolco para que los españoles y sus aliados obtuvieran alimentos. Cortés accedió porque no tenía otra opción. Ya no tenían alimento y era urgente salir de ahí. Cuitlahuac salió libre pero no abrió el tianguis.

Días después —el 29 de junio de 1520— murió Moctezuma Xocoyotzin.

Cuitlahuac

«Excremento divino»

DÉCIMO TLATOANI

Como el lector ya se percató, la información que se tiene sobre Moctezuma Xocoyotzin es abundante. Se debe principalmente a que los españoles tuvieron tiempo de sobra para conocerlo personalmente y escribir sobre él. En cambio sobre Cuitlahuac y Cuauhtémoc no se sabe mucho. La razón principal es que ni Cortés ni Bernal ni el resto de los cronistas tuvieron tiempo de tratarlos, y mucho menos de escribir sobre ellos, pues estaban en plena guerra.

Sobre Cuitlahuac se sabe que era hijo de Axayacatl y la hija del señor de Iztapalapan, también llamado Cuitlahuac. Nació aproximadamente en 1469. Gobernó de septiembre 7 a noviembre 25 de 1520.

Cuitlahuac al parecer era dos o tres años mayor que Moctezuma. Fue el gobernador de Iztapalapan y estuvo preso con Moctezuma en el palacio de Axayacatl. En el capítulo anterior comenté que cuando Hernán Cortés regresó de luchar en contra de Pánfilo de Narváez, encontró la ciudad en medio del caos. Los mexicas llevaban alrededor de dos semanas atacando a Pedro de Alvarado y sus soldados, resguardados en el palacio de Axayacatl. El líder español le exigió a Moctezuma que calmara al pueblo, pero ya nadie los escuchaba. Entonces el tlatoani le dijo a Cortés que liberara a Cuitlahuac para que hablara con la gente y abriera el tianguis de Tlatelolco. El conquistador no tuvo otra opción.

No se sabe a ciencia cierta qué hizo Cuitlahuac al salir del palacio de Axayacatl. Tampoco se sabe cuándo fue electo. Es muy probable que haya sido de inmediato y que Moctezuma haya estado de acuerdo. Afuera, Cuitlahuac se encontró con otra guerra: mexicas asesinando mexicas. Era la primera vez que la ciudad se quedaba sin gobierno. Para el pueblo fue muy difícil asimilarlo. Al principio no sabían qué hacer, pero después de la Matanza del Templo Mayor, dejó de importarles el destino del tlatoani y las consecuencias. Además, hay que tomar algo en cuenta: Cortés ordenó que se removieran de la cima del Templo Mayor las figuras de Tezcatlipoca y Huitzilopochtli.

Lo primero que tuvo que hacer en nuevo tlatoani fue organizar al pueblo. Mejorar las estrategias de guerra, aunque pronto debió comprender que la gente que llevaba un mes y medio combatiendo a los españoles, ya tenía experiencia, Cuitlahuac no.

Poco antes de que muriera Moctezuma, los españoles intentaron salir de noche, escondidos dentro de unos enormes cajones hechos de madera con aberturas para disparar —algo así como un Caballo de Troya— para defenderse de las pedradas y flechas, en los cuales cabían alrededor de veinticinco hombres. Bernal Díaz del Castillo los llamó torres; Cervantes de Salazar dice que se llamaban burras o mantas; Juan Ginés de Sepúlveda les dice manteletes, y Pedro Mártir de Anglería los nombra tortugas que iban sobre ruedas. El ataque de los mexicas fue tan feroz que los cajones terminaron destrozados y los españoles se vieron obligados a regresar al palacio de Axayacatl.

Días después murió Moctezuma y los españoles tuvieron que forzar su salida. El 29 de junio, Cortés ordenó que se dejara en la entrada del palacio de Axayacatl el cadáver de

Moctezuma. El plan era aprovechar que los mexicas iban a estar ocupados en el funeral del tlatoani para salir la noche del 30. Parecía que los mexicas efectivamente estaban ocupados, pero los españoles se llevaron una gran sorpresa, pues los locales les tenían preparada una emboscada. Al salir por la calzada de Tlacopan —de unos tres kilómetros de longitud—, llevaban un puente de madera para cruzar las siete cortaduras del dique por donde circulaba el agua del lago de un lado a otro. Sobre una yegua llevaban el oro, que Cortés hizo constatar ante notario. Poco antes de cruzar la tercera cortadura se encontraron con miles de hombres listos para atacarlos.

Comenzó el combate. Los mexicas ya no se interesaban por capturar enemigos, sino por matar al que se les pusiera en frente. Los españoles intentaron quitar el puente que estaban utilizando para llevarlo a la siguiente cortadura, pero les fue imposible. Aquella noche estaba cayendo una tormenta y el fango hizo que el puente se hundiera. Poco a poco el lago se llenó de cadáveres. Se dice que eran tantos que en determinado momento las cortaduras del dique estaban llenas de éstos y los españoles podían cruzar, sumergiéndose un poco para poner los pies sobre los cadáveres y caminar. Muchos de los españoles llevaban lingotes de oro entre la ropa y que al caer al agua el peso los hundió y se ahogaron. La huida de los invasores comenzó alrededor de las once de la noche y se cree que terminó poco antes del amanecer. Murieron alrededor de ocho mil aztecas (incluyendo mexicas, tlaxcaltecas y demás) y mil trescientos soldados españoles (cabe aclarar que no todos eran españoles: había italianos y alemanes, entre otras nacionalidades). Se perdió todo el oro, ochenta caballos y todo lo ganado, por culpa de Pedro de Alvarado. Cortés y alrededor de cuatrocientos hombres huyeron rumbo a Tlacopan.

No existe crónica alguna que mencione que Hernán Cortés se hubiera detenido a llorar bajo un árbol. De hecho el título de *La noche triste* parece haber sido inventado por algún entusiasta literario. Cuitlahuac, por alguna razón desconocida, permitió que escaparan. No se sabe exactamente si fue porque estaban cansados, si no quiso arriesgar a sus tropas en los campos de Tlacopan o porque creyó haber ganado la batalla.

Los siguientes días, los mexicas se encargaron de incinerar a sus muertos, limpiar su ciudad, reconstruir los edificios afectados por los cañones y conseguir alianzas. Cuitlahuac sabía que muchos de los pueblos vasallos ya se habían negado a pagar el tributo a Tenochtitlan y que otros estaban dispuestos a aliarse a los españoles. Mientras tanto, Cortés y sus hombres avanzaron muy lentamente —pues eran atacados en casi todos los pueblos por donde pasaban— rumbo a Tlaxcala, rodeando por Tlalnepantla, Cuauhtitlan, Tenayuca, Tepeyac y muchos pueblos más. En esos días se alimentaron de la carne de uno de los caballos y de los techichis.

Los techichis, al igual que los xoloitzcuintles, eran una raza de perros que únicamente se daba en el continente americano y formaba parte de la dieta de los nativos, por lo tanto eran criados específicamente para consumo. Se extinguieron después de la

Conquista, ya que los españoles los consumieron
tras la noche de la huida, sin reproducirlos.

Al llegar a Tlaxcala los españoles por fin pudieron descansar y comer. Ahí elaboró Cortés su estrategia para regresar a la isla: conquistar todos los pueblos alrededor del lago. Comenzó por Tepeyacac.

Cabe recalcar que existieron dos lugares llamados Tepeyacac. El más famoso hoy en día es el cerro del Tepeyac, que antes de la Conquista era un poblado pequeño ubicado a la orilla del lago de Texcoco, con un santuario dedicado a la diosa Tonantzin y un lugar de paso entre México-Tenochtitlan y las poblaciones en el lado norte. El otro Tepeyacac, del cual se trata en este capítulo, era el señorío de Tepeyacac, ubicado en el actual estado de Puebla y conocido actualmente como Tepeaca. Para diferenciar estos dos lugares los españoles llamaron Tepeaquilla al cerro del Tepeyac y Tepeaca al señorío de Tepeyacac, donde Hernán Cortés fundó en julio de 1520 la Villa de Segura de la Frontera.

Esta etapa es quizá la más oscura de la Conquista. Hay testimonios que aseguran que los españoles llevaron a cabo todo tipo de crueldades: se dice que tras conquistar un pueblo, mandaba matar a todos los miembros de la nobleza que pudieran ser electos gobernantes y que a los pobladores les mandó marcar con hierro ardiente una G —de "guerra"— en la mejilla.

Al mismo tiempo, entre septiembre y octubre, se esparció por todo el valle una epidemia desconocida. De acuerdo con Cervantes de Salazar, llegó por medio de un esclavo negro de Pánfilo de Narváez que marchó junto a Cortés rumbo a Tenochtitlan.

En los próximos tres meses la viruela se propagó por todo el valle. Los avances de Cuitlahuac se vieron frustrados. Había solicitado la ayuda del señor de Michoacán, pero éste ya no respondió, pues murió a causa de la viruela. A los indígenas les sorprendió que los españoles no se contagiaran.

La gente comenzó a lanzar los cadáveres al lago; otros, simplemente los dejaban en las calles. No se sabe cuántas personas murieron; miles, quizá cientos de miles, imposible saberlo. Murieron jefes del ejército, sacerdotes, miembros de la nobleza y varios señores principales, Cuitlahuac entre ellos.

Cuauhtémoc

«Águila que desciende»

ONCEAVO TLATOANI

El significado más correcto de Cuauhtémoc, según algunos lingüistas, es «Sol que desciende», pues los aztecas asociaban al águila con el sol, en especial la nobleza. Fue hijo de Ahuizotl y Tilacápatl —o Tiyacapantzin—, hija de Moquihuixtli, el último señor de Tlatelolco antes de ser conquistados por los mexicas. Nació aproximadamente en 1500. Gobernó de enero 25 de 1521 a agosto 13 de 1521.

Su lugar de su nacimiento sigue siendo una incógnita. Hay quienes aseguran que fue en Tlatelolco, otros que en México-Tenochtitlan, e incluso quienes afirman que era oriundo de Ixcateopan. De ahí el nombre del poblado Ixcateopan de Cuauhtémoc, en el estado de Guerrero, del cual también deriva otra leyenda: la llegada del cuerpo de Cuauhtémoc, de acuerdo con el *Códice Mendocino*.

Sobre Cuauhtémoc se sabe muy poco. Lo cierto es que fue un desconocido en la historia de México-Tenochtitlán hasta su juramento como tlatoani. Ni siquiera en el gobierno de Cuitlahuac se le menciona. Ahora bien, queda claro que no era un desconocido para los mexicas, pero tampoco fue un político sobresaliente. Si las crónicas no lo mencionan es porque no era un personaje importante hasta ese momento, lo cual es absolutamente comprensible: estamos hablando de un joven de veinte años, aproximadamente.

Las crónicas indígenas lo señalan como tlamacazque «sacerdote». Cuando comenzaron las batallas entre españoles y mexicas, Cuauhtémoc no tenía experiencia en las armas. Por lo cual se deduce que su inexperiencia en la guerra lo llevó a tomar decisiones erróneas. Es justo cuestionarnos, si era un desconocido, ¿por qué lo eligieron? Por dos razones: tras la Matanza del Templo Mayor, la batalla en la noche de la huida de los españoles y la epidemia de la viruela, la nobleza mexica se había reducido, casi podríamos asegurar que estaba al borde de la extinción, pues debemos tener en cuenta que sólo en el primer evento fueron asesinados alrededor de seiscientos pipiltin. Entonces las probabilidades de que Cuauhtémoc fuera electo crecieron de manera inimaginable, incluso para él mismo.

Se asume que tras la llegada de los españoles el pueblo mexica estaba unido, dispuesto a luchar contra el enemigo hasta la muerte. Nada más falso. La política ha sido, es y será siempre igual en todo el planeta: una guerra por el poder, ambiciones encontradas, ego, soberbia, envidia, enemistad, venganza y, principalmente, odio.

Tras la muerte de Cuitlahuac, quien gobernó entre cuarenta y ochenta días, había otros candidatos al gobierno con mayores probabilidades de ser electos: Chimalpopoca, Axopacatzin, Ashayaca y Xoxopeualloc, los cuatro hijos de Moctezuma. El primero murió días después de la huida de los españoles, al parecer por una herida cuando, preso de Cortés. El segundo fue asesinado por Cuauhtémoc. De acuerdo con el oidor Zorita, Axopacatzin pretendía reunirse a Cortés en Tepeaca para alcanzar un acuerdo de paz. De los últimos dos, se dice que Cuauhtémoc también los mató porque estaban en contra de sus decisiones como tlatoani.

Al ser electo tlatoani, Cuauhtémoc se mantuvo en Tenochtitlan, evidentemente por su inexperiencia en el campo de batalla. No hay que olvidar que en la cultura azteca los gobernantes salían a la guerra, pero el tlatoani tenía otra lucha: la interna, la de los miembros de la nobleza que estaban a favor de seguir combatiendo al enemigo y la de los que abogaban por la paz, lo cual resulta verdaderamente sensato; la matanza del Templo mayor, las batallas antes de la huida de los españoles, la viruela, los combates al quedar la isla sitiada y el hambre, razones más que suficientes. Para quitarse aquel peso de encima, el joven tlatoani mandó matar a todos los detractores, incluyendo al cihuacoatl Tzoacpopocatzin, nieto de Tlacaelel. Finalmente, Cuauhtémoc llevó a los mexicas a un suicidio colectivo.

Los mitos y las leyendas han rebasado a la historia y creado un héroe inexistente, una figura idealizada. Comenzando por su supuesta valentía en las batallas. "Ninguna fuente habla de que Cuauhtémoc interviniera en la lucha o se ocupara de ella, como si fuera el emperador remoto", escribió Hugh Thomas, en su libro *La conquista de México*.

Ya se mencionó que luego su la huida nocturna, Cortés y sus hombres rodearon el lago hasta llegar a Tlaxcala, de ahí decidieron conquistar a todos los pueblos cercanos para tener el dominio absoluto; lo consiguieron. Un año más tarde dominaron casi todo el valle de Anáhuac. Sus aliados los reforzaron con tropas, cargadores, armamento, mujeres y comida. Hernán Cortés era ya mucho más poderoso que Cuauhtémoc antes de iniciar el combate.

El español mandó cortar madera —por piezas exactas— para armar doce bergantines en Tlaxcala, luego ocho mil cargadores llevaron la materia prima hasta Texcoco y otros dos mil cargaron el agua y el alimento. Ya en Texcoco los ensamblaron lejos del lago para que nadie los descubriera. Finalmente mandó hacer un canal desde el lago hasta el sitio donde tenía sus bergantines y, llegado el día, entró a Tenochtitlan por los canales. Para ganar terreno, Cortés decidió bombardear con sus cañones las construcciones que se hallaban a su paso. Él mismo menciona que le dolió tener que destruir una ciudad tan hermosa. Los mexicas comenzaron a tapar los canales en las noches para que los bergantines encallaran. Entonces Cortés enviaba a sus aliados tlaxcaltecas y texcocanos para que limpiaran en el paso.

En el capítulo de Moctezuma mencioné que Ixtlilxochitl, el joven, ofreció lealtad a Cortés desde su llegada. Tras la muerte de Cacama, fueron electos otros dos hermanos como señores de Texcoco. Se cree que Ixtlilxochitl mando matarlos para hacerse del poder. Como es ya conocido, otras versiones lo niegan y culpan a los mexicas. Como sea, Ixtlilxochitl alcanzó su objetivo: fue electo señor de Acolhuacan y se convirtió en sirviente de Cortés.

Mientras tanto Cuauhtémoc se negaba a aceptar la rendición. No le importaba que su pueblo estuviera muriendo de hambre y de sed. Había cadáveres amontonados por todas partes. La gente bebía el agua del lago, insalubre. Muchos de los miembros de la nobleza le rogaban que cesar los combates, pero él se negaba. Luego pidió ayuda a los señores de Tlatelolco, quienes desde el gobierno de Ahuizotl eran un pueblo independiente. Tlatelolco aceptó con una condición, que terminada la guerra, si ganaban, ellos tendrían el control absoluto del imperio. Cuauhtémoc aceptó. En otras palabras, vendió su reino a cambio de unas cuantas monedas. El gobierno mexica se trasladó a Tlatelolco.

Cortés avanzó hasta llegar al centro de México-Tenochtitlan. Aunque sabía que la ciudad era suya decidió esperar. Constantemente enviaba mensajeros para pedir la rendición de Cuauhtémoc, pero él se negaba, y al que se atreviera a contradecirlo, lo mandaba matar.

Algo que casi nadie comenta en los libros de historia es que Cuauhtémoc no sólo huyó de Tlatelolco, donde se resguardaba mientras los españoles sitiaban la isla, sino que abandonó a su pueblo cuando más lo necesitaba. Bien escribió Thomas Carlyle: "Puede ser un héroe lo mismo el que triunfa que el que sucumbe, pero jamás el que abandona el combate". Moctezuma Xocoyotzin y Cuitlahuac, jamás abandonaron a su gente ni se rindieron. Ya se ha mencionado en este libro la forma en que Moctezuma Xocoyotzin luchó, aún preso, contra los españoles, al grado de dejarse morir.

Cuauhtémoc fue presentado ante el pueblo mexica al día siguiente de su captura. Días después fue llevado a Coyoacán, no por su seguridad ni por el confort, sino porque la ciudad apestaba a muerte. El ambiente era insoportable, las escenas inauditas.

Mientras los tlaxcaltecas y demás aliados saqueaban la ciudad, los hombres de Cortés torturaban a Cuauhtémoc para que confesara dónde estaba el famoso tesoro de Moctezuma. Cuahtémoc no tenía idea de lo que estaban hablando. Entonces le virtieron una cubeta de aceite hirviendo sobre los pies. Como no respondió se fueron contra Tetlepanquetzaltzin, señor de Tlacopan quien, en medio de la tortura, le rogaba a Cuauhtémoc confesar y éste le respondió: "¿Estoy yo en algún deleite o un temazcali?" Con el paso de los años la gente cambió esta frase a "¿Acaso estoy yo en un lecho de rosas?". Aquí se demuestra que la relación entre ellos dos no era buena. Y es obvio, no se conocían. Además de estos dos, los españoles habían capturado a Cohuanacotzin (tecutli de Texcoco), Coyohuehuetzin (tlacochcalcatl de Tlatelolco), Tlacotzin (cihuacoatl y bisnieto de Tlacaelel), Huanitzin (nieto de Axayacatl y tecutli de Ecatepec) y a dos macehualtin: Motelchiuhtzin y Shochiquentzin.

Se dice que Cuauhtémoc y Tetlepanquetzaltzin quedaron lisiados de los pies por el resto de sus vidas. Se ignora por completo qué ocurrió en los siguientes años. Se sabe que Cuauhtémoc aceptó gobernar la ciudad, pero desde la esclavitud. Podía salir y hablar con la gente, pero siempre seguido por sus carceleros.

En octubre de 1524, tres años después de la caída de Tenochtitlan, Cortés decidió ir a las Hibueras, hoy en día Honduras, en una expedición que recorrió más de la mitad del actual territorio mexicano. Cortés sabía que le quedaba muy poco como gobernador de la Nueva España y que la Corona no le perdonaría nada.

Se aventuró llevando consigo a Cuauhtémoc y al resto de los miembros de la nobleza que tenía cautiva. Viajó como un rey, con cocineros, cargadores que llevaban su cama, bufones y mujeres. Cortés aprovechó lo que le quedaba de gloria. Al mismo tiempo buscaba más aventuras: le aburría la pasividad del gobierno.

En el camino decidió casar a su amada Malintzin con un tal Juan Jaramillo y les dejó unas cuantas encomiendas para una buena vida. Parece que Hernán Cortes firmaba su testamento.

Al llegar a una provincia llamada Acalán, cerca del río Usumacinta, Cuauhtémoc inició una rebelión. Varios de sus compañeros, cansados de la forma de ser del joven tlatoani, lo denunciaron ante Cortés, quien inmediatamente lo juzgó y lo condenó a muerte junto a Tetlepanquetzaltzin.

Se dice que las últimas palabras de Cuauhtémoc fueron: "¡Oh, Malinche: días había que yo tenía entendido que esta muerte me habías de dar y había conocido tus falsas palabras, porque me matas sin justicia!".

Tras la muerte de Cuauhtémoc, Tlacotzin fue bautizado con el nombre de Juan Velázquez Tlacotzin, vestido como español, con espada y caballo, y nombrado huey tlatoani (1525-1526); murió en Nochixtlán de una enfermedad desconocida antes de volver a Tenochtitlán. Su sucesor fue Motelchiuh, quien fue bautizado como Andrés de Tapia Motelchiuh (1526-1530) y murió en Aztatlán, herido por una flecha chichimeca, mientras se bañaba. A este último le siguió Shochiquentzin (1530-1536), bautizado como Pablo Shochiquentzin. Luego fue jurado Huanitzin, bautizado como Diego de Alvarado Huanitzin, quien recibió el nombramiento de primer gobernador de Tenochtitlán en 1538; murió en 1541. Todos gobernaron bajo el sistema colonial español.

En 1949 la arqueóloga Eulalia Guzmán (se dice que obedeciendo las órdenes del presidente Miguel Alemán), aseguró haber descubierto los restos óseos de Cuauhtémoc. Años más tarde el INAH investigó el hallazgo. En 1976 una comisión aseguró que los restos pertenecieron a ocho personas de diferentes épocas y de diferentes formas de enterramiento. El resto es sabido por todos: era una vil mentira, como toda la leyenda que ilumina a este héroe de cartón.

Xiuhpohualli es el nombre original del calendario usado por los mexicas. Existen dos formas de contar los días en el calendario azteca: la primera es por medio del año solar, de trescientos sesenta y cinco días, y la segunda es con el ciclo adivinatorio de doscientos sesenta, donde veinte signos de los días se combinan con trece números. Cuando se agota toda posible combinación de los trece números con los veinte nombres se cierra la cuenta: trece por veinte igual a doscientos sesenta. Desde ahí tienen que transcurrir doscientos sesenta días para que se repita la combinación del mismo signo del día con el mismo número. Las veinte unidades de trece días se llaman trecenas.

Como el ciclo de doscientos sesenta días es más corto que el de un año de trescientos sesenta y cinco, con un remanente de ciento cinco días, en cada año solar se repiten ciento cinco signos del calendario adivinatorio.

Sobre la rueda calendárica de doscientos sesenta días se desliza otra más grande de trescientos sesenta y cinco. Esas dos ruedas se juntan cada cincuenta y dos años, y es cuando se acaba la posible combinación de los días del ciclo solar con los del Tonalamatl. Ese momento se llama Toximmolpilla «se atan nuestros años». El gran ciclo de cincuenta y dos años contiene setenta y tres ciclos del Tonalamatl.

Estos son los veinte días del calendario:

NOMBRE DEL DÍA	DEIDAD ASOCIADA
Cipactli, «caimán o lagarto»	Tonacatecuhtli
Ehécatl, «viento o aire»	Quetzalcóatl
Calli, «casa u hogar»	Tepeyóllotl
Cuetzpallin, «lagartija»	Huehuecóyotl
Cóatl, «serpiente»	Chalchiuhtlicue
Miquiztli, «muerte o calavera»	Tecciztécatl
Mázatl, «venado»	Tláloc
Tochtli, «conejo»	Mayáhuel
Atl, «agua»	Xiuhtecuhtli
Itzcuintli, «perro»	Mictlantecuhtli
Ozomatli, «mono»	Xochipilli
Malinalli, «hierba muerta»	Patécatl
Ácatl, «caña o flecha»	Tezcatlipoca
Océlotl, «ocelote o jaguar»	Tlazoltéotl
Cuauhtli, «águila»	Xipe Tótec
Cozcacuauhtli, «buitre»	Itzapapalótl
Ollin, «movimiento»	Xólotl
Técpatl, «cuchillo de pedernal»	Chalchiuhtotolin
Quiáhuitl, «lluvia»	Tonatiuh
Xóchitl, «flor»	Xochiquétzal

Estos veinte días se combinan con trece números y se comienza con el «Uno Caimán», «Dos Viento», «Tres Casa», hasta llegar al trece. El signo que sigue, «Jaguar», ya no lleva el número catorce sino que vuelve al uno. Es decir, que la segunda trecena empieza con el día «Uno Jaguar» y termina con «trece muerte».[*]

NOMBRES DE LOS 18 MESES

Atlcahualo o Xilomanaliztli
Tlacaxipehualiztli
Tozoztontli
Huey tozoztli
Tóxcatl o Tepochtli
Etzalcualiztli
Tecuilhuitontli
Hueytecuilhuitl
Tlaxochimaco o Miccailhuitontli
Xocotlhuetzi o Hueymiccailhuitl
Ochpaniztli
Teotleco o Pachtontli
Tepeilhuitl o Huey Pachtli
Quecholli
Panquetzaliztli
Atemoztli
Tititl
Izcalli

Los años en el calendario azteca se cuentan por medio de dos ciclos interminables: el primero es contando del 1 al 13, y

[*] *Códice Borgia*

el segundo consta de cuatro nombres tochtli «conejo», acatl «caña», tecpatl «pedernal», y calli «casa».

1400	12 pedernal	1428	1 pedernal	1456	3 pedernal
1401	13 casa	1429	2 casa	1457	4 casa
1402	1 conejo	1430	3 conejo	1458	5 conejo
1403	2 caña	1431	4 caña	1459	6 caña
1404	3 pedernal	1432	5 pedernal	1460	7 pedernal
1405	4 casa	1433	6 casa	1461	8 casa
1406	5 conejo	1434	7 conejo	1462	9 conejo
1407	6 caña	1435	8 caña	1463	10 caña
1408	7 pedernal	1436	9 pedernal	1464	11 pedernal
1409	8 casa	1437	10 casa	1465	12 casa
1410	9 conejo	1438	11 conejo	1466	13 conejo
1411	10 caña	1439	12 caña	1467	1 caña
1412	11 pedernal	1440	13 pedernal	1468	2 pedernal
1413	12 casa	1441	1 casa	1469	3 casa
1414	13 conejo	1442	2 conejo	1470	4 conejo
1415	1 caña	1443	3 caña	1471	5 caña
1416	2 pedernal	1444	4 pedernal	1472	6 pedernal
1417	3 casa	1445	5 casa	1473	7 casa
1418	4 conejo	1446	6 conejo	1474	8 conejo
1419	5 caña	1447	7 caña	1475	9 caña
1420	6 pedernal	1448	8 pedernal	1476	10 pedernal
1421	7 casa	1449	9 casa	1477	11 casa
1422	8 conejo	1450	10 conejo	1478	12 conejo
1423	9 caña	1451	11 caña	1479	13 caña
1424	10 pedernal	1452	12 pedernal	1480	1 pedernal
1425	11 casa	1453	13 casa	1481	2 casa
1426	12 conejo	1454	1 conejo	1482	3 conejo
1427	13 caña	1455	2 caña	1483	4 caña

1484	5 *pedernal*	1500	8 *pedernal*	1516	11 *pedernal*	
1485	6 *casa*	1501	9 *casa*	1517	12 *casa*	
1486	7 *conejo*	1502	10 *conejo*	1518	13 *conejo*	
1487	8 *caña*	1503	11 *caña*	1519	1 *caña*	
1488	9 *pedernal*	1504	12 *pedernal*	1520	2 *pedernal*	
1489	10 *casa*	1505	13 *casa*	1521	3 *casa*	
1490	11 *conejo*	1506	1 *conejo*	1522	4 *conejo*	
1491	12 *caña*	1507	2 *caña*	1523	5 *caña*	
1492	13 *pedernal*	1508	3 *pedernal*	1524	6 *pedernal*	
1493	1 *casa*	1509	4 *casa*	1525	7 *casa*	
1494	2 *conejo*	1510	5 *conejo*	1526	8 *conejo*	
1495	3 *caña*	1511	6 *caña*	1527	9 *caña*	
1496	4 *pedernal*	1512	7 *pedernal*	1528	10 *pedernal*	
1497	5 *casa*	1513	8 *casa*	1529	11 *casa*	
1498	6 *conejo*	1514	9 *conejo*	1530	12 *conejo*	
1499	7 *caña*	1515	10 *caña*	1531	13 *caña*	

BIBLIOGRAFÍA

ACOSTA, José de, *Historia natural y moral de las Indias*, José Alcina Franch (ed.), Dastin, sin lugar ni fecha de edición.

——, *Anales de Tlatelolco*, Consejo Nacional para la Cultura y las Artes (Conaculta), México, 1948.

——, *Anales de Cuauhtitlan*, Conaculta (Cien de México), México, 2011.

——, *Anónimo de Tlatelolco*, Ms., (1528), E. Mengin (ed. facs.), fol. 38, Copenhague, 1945.

ALVA Ixtlilxóchitl, Fernando de, *Obras Históricas*, t. I, Relaciones; t. II, Historia chichimeca, 2 vols., Alfredo Chavero (anot.), México, 1891-92.

ALVARADO Tezozómoc, Hernando de, *Crónica mexicana*, Manuel Orozco y Berra (anot. y est. cronol.), Porrúa, México, 1987.

BARJAU, Luis, *La conquista de la Malinche*, Instituto Nacional de Antropología e Historia (INAH) / Planeta, México, 2009.

——, *Hernán Cortés y Quetzalcóatl*, El tucán de Virginia / INAH / CONACULTA, México, 2011.

BENAVENTE, fray Toribio «Motolinía», *Relación de la Nueva España*, Nicolau d'Olwer (introd.), Universidad Nacional Autónoma (UNAM), México, 1956.

——, *Memoriales*, Nancy Joe Dyer (ed. crit., intr., n. y apénd.), El Colegio de México (COLMEX), México, 1996.

——, *Historia de los indios de la Nueva España*, Porrúa, México, 2001.

BENÍTEZ, Fernando, *La ruta de Hernán Cortés*, Fondo
de Cultura Económica (FCE), México, 1964.

CASAS, Bartolomé de Las, *Los indios de México y Nueva España*,
Edmundo O'Gorman (pról., apénd. y n.), Porrúa, México, 1966.

CHAVERO, Alfredo, *Resumen integral de México a través de
los siglos*, t.I, Vicente Riva Palacio (dir.), Compañía
General de Ediciones, México, 1952.

————, *México a través de los siglos*, t. I-II, Cumbre, México, 1988.

CHIMALPAHIN Cuauhtlehuanitzin, Domingo, *Las ocho relaciones
y el memorial de Colhuacan*, Conaculta, México, 1998.

CLAVIJERO, Francisco Javier, *Historia Antigua de México*,
Mariano Cuevas (pról.), Porrúa, México, 1964.

MANN, Charles C., *1491. Una nueva historia de las
Américas antes de Colón*, Taurus, México, 2006.

————, *Los días y los dioses del Códice Borgia*, Krystyna
Magdalena Libura (est. y textos), Tecolote / Secretaría
de Educación Pública (SEP), México, 2000.

————, *Códice Florentino*, «Textos nahuas de los
informantes indígenas de Sahagún, en 1585», Dibble
y Anderson: *Florentine Codex*, Santa Fe, 1950.

————, *Códice Matritense de la Real Academia de la historia*, textos
en náhuatl de los indígenas informantes de Sahagún, Francisco
del Paso y Troncoso (ed. facs.), vol. VIII, Madrid, 1907.

————, *Códice Ramírez*, Manuel Orozco y Berra
(est. cronol.), Porrúa, México, 1987.

CORTÉS, Hernán, *Cartas de relación*, Tomo, México, 2005.

DAVIES, Nigel, *Los antiguos reinos de México*, FCE, México, 2004.

DÍAZ del Castillo, Bernal, *Historia verdadera de la conquista
de la Nueva España*, núm. 5, Porrúa, México, 1955.

DURÁN, fray Diego, *Historia de las indias de Nueva
España, 1581*, Porrúa, México, 1967.

DUVERGER, Christian, *Cortés, la biografía más reveladora*, Taurus, México, 2010.

ESCALANTE Gonzalbo, Pablo, *Los Códices*, Conaculta, México, 1997.

FERNÁNDEZ de Echeverría y Veytia, Mariano, *Historia antigua de México*, t. II, Editorial del Valle de México, México, 1836.

GARIBAY, Ángel María, *Poesía náhuatl*, t. II, *Cantares mexicanos, Manuscrito de la Biblioteca Nacional de México, primera parte* (contiene los folios 16-26, 31-36, y 7-15), UNAM-Instituto de Investigaciones Históricas, México, 1965.

————, *Teogonía e Historia de los mexicanos*, Porrúa, México, 1965.

————, *Llave del náhuatl*, Porrúa, México, 1999.

————, *Panorama literario de los pueblos nahuas*, Porrúa, México, 2001.

HILL BOONE, Elizabeth, *Relatos en rojo y negro. Historias pictóricas de aztecas y mixtecos*, FCE, México, 2010.

ICAZBALCETA García, Joaquín, *Documentos para la historia de México*, t. I y II, Porrúa, México, 1971.

KRICKEBERG, Walter, *Las Antiguas Culturas Mexicanas*, FCE, México, 1961.

LONGHENA, María, *México Antiguo. Grandes civilizaciones del pasado*, Folio, España, 2005.

LEÓN-PORTILLA, Miguel, *Visión de los vencidos. Relación indígena de la conquista*, UNAM (Biblioteca del Estudiante Universitario), México, 1959.

————, *Los antiguos mexicanos a través de sus crónicas y cantares*, FCE, México, 1961.

————, *Trece poetas del mundo azteca*, UNAM-Instituto de Investigaciones, México, 1967.

————, *Toltecáyotl, aspectos de la cultura náhuatl*, FCE, México, 1980.

————, *Historia documental de México*, t. I, UNAM, México, 1984.

————, *Aztecas-mexicas. Desarrollo de una civilización originaria*, Algaba, México, 2005.

————, *El reverso de la conquista*, Joaquín Mortiz, México, 2006.

LÓPEZ Austin, Alfredo y Luis Millones, *Dioses del
norte, dioses del sur*, Era, México, 2008.

———— y Leonardo López Luján, *Monte Sagrado.
Templo Mayor*, UNAM-Instituto de Investigaciones
Antropológicas / INAH, México, 2009.

————, Miguel León-Portilla, Felipe Solís y Eduardo
Matos Moctezuma, *Dioses del México Antiguo*, DGE /
Antiguo Colegio de San Ildefonso / UNAM / Conaculta
/ Gobierno del Distrito Federal, México, 1995.

LÓPEZ de Gómara, Francisco, *La conquista de México*,
José Luis Rojas (ed.), Dastin, 2001.

MARTÍNEZ, José Luis, *Nezahualcóyotl, vida y obra*, FCE, México, 1972.

————, *Hernán Cortés*, UNAM / FCE, México, 1990.

————, *América antigua*, SEP, México, 1976.

MENDIETA, Jerónimo, *Historia eclesiástica indiana*, 4 vols., Joaquín
García Icazbalceta (ed.), Antigua Librería Robredo, México, 1870.

MIRALLES, Juan, *Hernán Cortés. Inventor de
México*, Tusquets, México, 2001.

MOLINA, fray Alonso de, *Vocabulario en lengua castellana y mexicana,
y mexicana y castellana*, Porrúa, México, primera edición 1970.

MONTELL, Jaime, *La conquista de México
Tenochtitlan*, Porrúa, México, 2001.

OROZCO y Berra, Manuel, *Historia antigua y de las culturas
aborígenes de México*, t. I y II, Fuente Cultural, México, 1880.

————, *La civilización azteca*, SEP, México, 1988.

PIÑA CHAN, Román, *Una visión del México prehispánico*, UNAM-
Instituto de Investigaciones Históricas, México, 1967.

POMAR, Juan Bautista, *Relación de Tezcoco, 1582*, Joaquín
García Icazbalceta, Nueva colección de documentos
para la historia de México, México, 1891.

————, *Revista Arqueología Mexicana*, números 34, 40, 49, 111 y 127.

ROMERO Vargas Yturbide, Ignacio, *Los gobiernos socialistas de Anáhuac*, Sociedad Cultural In Tlilli In Tlapalli, México, 2000.

SOLÍS, Antonio de, *Historia de la conquista de México*, t. I y II, Editorial del Valle de México, México, 2002.

SAHAGÚN, fray Bernardino de, *Historia general de las cosas de la Nueva España*, Porrúa, México, 1982.

TAPIA, Andrés de, *Relación de la conquista de México*, Colofón, México, 2008.

HUGH, Thomas, *La conquista de México*, Planeta, México, 2000.

————, *Tira de la peregrinación*, Joaquín Galarza y Krystyna Magdalena Libura (est. y textos), Tecolote / SEP, México, 1999.

TORQUEMADA, fray Juan de, *Monarquía Indiana*, Miguel León-Portilla (selec., intr. y n.), UNAM, México, 1964.

LISTA DE TLATOANIS

SEÑORES DEL ANÁHUAC
de Antonio Guadarrama Collado
se terminó de imprimir y encuadernar en octubre de 2015
en Programas Educativos, S.A. de C.V.
Calz. Chabacano 65 A, Asturias DF-06850, México